한자능력 검정시험

[7급(7II), 8급]

www.goseowon.co.kr

머리말

먼저 굳은 결심으로 「한자능력검정시험」을 준비하기 위해 이 책을 선택해 첫 장을 펼친 수험생 여러분께 격려와 감사의 말을 전하고 싶다. 어떤 시험이건 간에 처음에는 막막하고 자신 없기는 누구나 마찬가지일 것이다. 특히 한자시험이라면 그 부담감은 더하리라 생각된다. 그동안 한자교육의 필요성은 여러 강한 비판과 목소리에도 불구하고 강조되어 온 것이 사실이다. 그것은 다름 아닌 한자는 국어와 더불어 우리 문학과 역사의 이해는 물론이고 나아가 21세기를 사는 지금도 실생활에 꼭 필요한 언어수단이 되고 있기 때문이다. 가까이 우리 주위를 둘러봐도 매일 아침 접하는 신문이나 간판, 자기를 소개하기 위해 주고 받는 명함 한 장에 이르기까지 우리 생활에 가까이 자리잡고 있음을 알 수 있다. 또한 세계화·국제화시대를 맞아 이제는 우리 이웃으로 자리잡은 중국과의 교역 확대 등으로 인해 한자교육의 중요성은 더 이상 강조하지 않아도 피부로 느끼고 있을 것이다. 이러한 이유로 인해 해를 거듭할수록 「한자능력검정시험」이 남녀노소 누구나 응시할 수 있는 자격시험으로 자리잡아 가고 있다고 볼 수 있다. 본서는 누구나 쉽게 한자를 익히고 쓸 수 있도록 하자는데 가장 큰 역점을 두었으며, 또한 지금까지 시행되었던 실제문제를 철저히 분석하여 이 책 한 권만으로도 충분한 시험 준비가 될 수 있도록 구성하였다. 아무쪼록 여러분이 끝까지 최선을 다해 노력한다면 좋은 결과를 얻으리라 믿어 의심치 않으며, 여러분의 건투를 빈다.

차례

part 01 한자이해의 기초
01. 한자의 형성과 구조 ······················ 10
02. 한자어의 기본구조 ······················ 12
03. 한자의 부수 ······················ 14

part 02 한자능력검정시섬 필수한자 해설
01. 7급선정 150字(8급 50字포함) 읽기 ······················ 18
02. 두 가지 이상의 음을 갖고 있는 한자 ······················ 69
   기출예상문제 ······················ 70

part 03 한자어의 활용
01. 서로 뜻이 반대되거나 상대되는 한자 ······················ 120
   기출예상문제 ······················ 126
02. 완성형 및 한자숙어 ······················ 130
   기출예상문제 ······················ 157

특징 및 구성

1 한자의 발생(發生)

중국 상고시대인 황제(黃帝) 때(黃帝元年 : B.C. 2674년)에 사관(史)
자국을 보고 만들었다고 전한다. 이외에도 복희(伏羲)·주양(朱襄)
있다. 그러나 한자는 어느 한 사람의 손에 의하여 만들어졌다고 ㅅ
지나는 동안에 여러 사람의 손을 거쳐 형성되었다고 본다. 한자가
사용한 방법으로는 결승(結繩)·팔괘(八卦)·서계(書契) 등이 있었

2 한자 자체(字體)의 변천(變遷)

한자는 오랜 역사를 거치는 동안에 그 모양도 많이 변천되었다. 옛
부터 시작하여 전서(篆書)·예서(隸書)·해서(楷書)·행서(行書)·
변화를 보이고 있으나, 오늘날은 해서와 행서가 많이 쓰이고 있다.

한자이해의 기초

본격적인 학습에 앞서 한자에 대한 기본적인 내용을
체계적으로 정리하여 수록했습니다.

家 家 家 家 家 家

집 가

부수 : 宀부 획수 : 7획

- 家風(가풍): 한 집안에 전해 내려오는 풍습이나 범절(凡節)
- 家親(가친): 남에게 자기 아버지를 일컫는 말
- 歸家(귀가): 집으로 돌아가거나 들어옴

필수한자 해설

각 급수에 따른 필수한자의 음과 뜻, 활용 예를 수록하여
학습 효율을 높였습니다.

| 강산 | 江 | 강 | 江 | |
| | 山 | 뫼 | 산 | 山 | |

| 개폐 | 開 | 열 | 개 | 開 | |
| | 閉 | 닫을 | 폐 | 閉 | |

| 거래 | 去 | 갈 | 거 | 去 | |
| | 來 | 올 | 래 | 來 | |

| 경중 | 輕 | 가벼울 | 경 | 輕 | |
| | 重 | 무거울 | 중 | 重 | |

한자어의 활용

서로 뜻이 반대되거나 상반되는 한자를 정리·수록하여
학습도를 높였으며 완성형 및 한자숙어 문제도
수록하였습니다.

시험 안내

최근 한자교육의 열풍이 뜨겁게 불고 있다. 한자는 우리 생활에 가까이 자리잡고 있으며 세계화·국제화 시대를 맞아 한자학습의 절실한 필요성과 함께 한자교육의 중요성은 더욱더 강조된다. 특히 최근에는 점점 잊혀져 가는 한자를 되살리려는 노력이 전 사회적으로 확산되면서 각 기업체의 입사시험 및 공무원이나 정부투자기관 등의 필기시험과 면접시험에서도 한자능력테스트를 중요 선발기준으로 삼고 있어 한자능력의 필요성이 더더욱 강조된다. 이로 인해 해를 거듭할수록 한자능력시험의 응시열과 합격률이 높아져가고 있어 한자의 학습이 매우 중요하다 하겠다.

❶ **시행기관** … 사단법인
❷ **시험시기** … 년 4회 시행
❸ **응시자격** … 학력·경력 제한없이 누구나 응시 가능
❹ **출제내용** … 독음, 훈음, 한자쓰기, 장단음, 반의어(상대어), 완성형 부수, 동의어(유의어), 동음이의어, 뜻풀이, 약자, 필순, 한문
❺ **급수별 합격기준**

구분	특급·특급II	1급	2급·3급·3II	4급·4급II·5급	6급	6급II	7급	7급II	8급
출제문항수	200	200	150	100	90	80	70	50	60
합격문항수	160	160	100	70	63	56	49	35	42
시험시간	100	90	60	50	50	50	50	50	50

❻ **급수배정**

급수	읽기	쓰기	수준 및 특성
특급	5,978	3,500	國漢混用 古典을 불편 없이 읽고, 연구할 수 있는 수준 고급 (韓中 古典 추출한자 도합 5978자, 쓰기 3500자)
특급II	4,918	2,355	國漢混用 古典을 불편 없이 읽고, 연구할 수 있는 수준 중급 (KSX1001 한자 4888자 포함, 전체 4918자, 쓰기 2355자)
1급	3,500	2,005	國漢混用 古典을 불편 없이 읽고, 연구할 수 있는 수준 초급 (상용한자+준상용한자 도합 3500자, 쓰기 2005자)
2급	2,355	1,817	國漢混用 古典을 불편 없이 읽고, 연구할 수 있는 수준 초급 (상용한자+준상용한자 도합 3500자, 쓰기 2005자)
3급	1,817	1,000	고급 常用漢字 활용의 중급 단계 (상용한자 1817자-교육부 1800자 모두 포함, 쓰기 1000자)
3급II	1,500	750	고급 常用漢字 활용의 초급 단계(상용한자 1500자, 쓰기 750자)
4급	1,000	500	중급 常用漢字 활용의 고급 단계(상용한자 1000자, 쓰기 500자)
4급II	750	400	중급 常用漢字 활용의 중급 단계(상용한자 750자, 쓰기 400자)
5급	500	300	중급 常用漢字 활용의 중급 단계(상용한자 500자, 쓰기 300자)
5급II	400	225	중급 常用漢字 활용의 초급 단계(상용한자 400자, 쓰기 225자)
6급	300	150	기초 常用漢字 활용의 고급 단계(상용한자 300자, 쓰기 150자)
6급II	225	50	기초 常用漢字 활용의 중급 단계(상용한자 225자, 쓰기 50자)
7급	150	-	기초 常用漢字 활용의 초급 단계(상용한자 150자)
7급II	100	-	기초 常用漢字 활용의 초급 단계(상용한자 100자)
8급	50	-	漢字 學習 동기 부여를 위한 급수(상용한자 50자)

❼ 급수별 출제기준

구분	특급 특급Ⅱ	1급	2급 3급·3급Ⅱ	4급	4급Ⅱ	5급·5급Ⅱ	6급	6급Ⅱ	7급	7급Ⅱ	8급
음독	45	50	45	32	35	35	33	32	32	22	24
훈독	27	32	27	22	22	23	22	29	30	30	24
장단음	10	10	5	3	0	0	0	0	0	0	0
반의어(상대어)	10	10	10	3	3	3	3	2	2	2	0
완성형(성어)	10	15	10	5	5	4	3	2	2	2	0
부수	10	10	5	3	3	0	0	0	0	0	0
동의어(유의어)	10	10	5	3	3	3	2	0	0	0	0
동음이의어	10	10	5	3	3	3	2	0	0	0	0
뜻풀이	5	10	5	3	3	3	2	2	2	2	0
약자	3	3	3	3	3	3	0	0	0	0	0
한자쓰기	40	40	30	20	20	20	20	10	0	0	0
필순	0	0	0	0	0	3	3	3	2	2	2
한문	20	0	0	0	0	0	0	0	0	0	0
출제문제(계)	200	200	150	100	100	100	90	80	70	60	50

배정한자 7급 150字 · 8급 50字

한자능력검정시험 7급 배정한자는 150字, 8급 배정한자는 50字입니다. 一字一字 꼭 익혀두십시오.

家	집 가	歌	노래 가	間	사이 간	江	강 강	車	수레 거(차)
工	장인 공	空	빌 공	校	학교 교	敎	가르칠 교	口	입 구
九	아홉 구	國	나라 국	軍	군사 군	金	쇠 금(성 김)	氣	기운 기
記	기록할 기	旗	기 기	南	남녘 남	男	사내 남	內	안 내
女	계집 녀(여)	年	해 년	農	농사 농	答	대답할 답	大	큰 대
道	길 도	同	한가지 동	冬	겨울 동	東	동녘 동	洞	골 동
動	움직일 동	登	오를 등	來	올 래(내)	力	힘 력(역)	老	늙을 로(노)
六	여섯 륙(육)	里	마을 리(이)	林	풀 람(임수)	立	설 립(입)	萬	일만 만
每	매양 매	面	낯 면	名	이름 명	命	목숨 명	母	어미 모
木	나무 목	文	무늬 문	門	문 문	問	물을 문	物	만물 물
民	백성 민	方	모 방	白	흰 백	百	일백 백	父	아비 부
夫	지아비 부	北	북녘 북	不	아니 불(부)	四	넉 사	事	일 사
山	뫼 산	算	셈 산	三	석 삼	上	위 상	色	빛 색
生	날 생	西	서녘 서	夕	저녁 석	先	먼저 선	姓	성 성
世	대 세	小	작을 소	少	적을 소, 젊을 소	所	바 소	水	물 수
手	손 수	數	셈 수	市	저자 시	時	때 시	食	먹을 식
植	심을 식	室	집 실	心	마음 심	十	열 십	安	편안할 안
語	말씀 어	然	그러할 연	五	다섯 오	午	일곱째 지지 오	王	임금 왕

外 밖 외	右 오른 우	月 달 월	有 있을 유	育 기를 육
邑 고을 읍	二 두 이	人 사람 인	一 한 일	日 해 일, 날 일
入 들 입	長 긴 장, 어른 장	自 스스로 자	子 아들 자	字 글자 자
場 마당 장	電 번개 전, 전기 전	全 온전할 전	前 앞 전	正 바를 정
弟 아우 제	祖 조상 조	足 발 족	左 왼 좌	主 주인 주
住 살 주	中 가운데 중	重 무거울 중	紙 종이 지	地 땅 지
直 곧을 직	川 내 천	千 일천 천	天 하늘 천	靑 푸를 청
草 풀 초	寸 마디 촌	村 마을 촌	秋 가을 추	春 봄 춘
出 날 출	七 일곱 칠	土 흙 토	八 여덟 팔	便 편안할 편(오줌 변)
平 평평할 평	下 아래 하	夏 여름 하	學 배울 학	韓 나라이름 한
漢 한수 한	海 바다 해	兄 맏 형	火 불 화	話 말할 화
花 꽃 화	活 살 활	孝 효도 효	後 뒤 후	休 쉴 휴

※ 7급 배정한자 150字 중 8급 배정한자 50字는 음영처리 되어 있음.

한자이해의 기초

01. 한자의 형성과 구조
02. 한자어의 기본구조
03. 한자의 부수

한자의 형성과 구조

본격적인 한자 익히기에 앞서 한자의 형성과정과 그 구조에 대한 이해는 필수적이라 할 수 있다. 이것은 보다 쉬운 한자학습은 물론이고 나아가 한문학을 이해하는데 중요한 밑거름이 된다. 특히 한자간의 독특한 구성원리인 六書(육서)에 대하여 자세히 알아보도록 한다.

1 한자의 발생(發生)

중국 상고시대인 황제(黃帝) 때(黃帝元年 : B.C. 2674년)에 사관(史官)이던 창힐(創頡)이 새의 발자국을 보고 만들었다고 전한다. 이외에도 복희(伏羲)·주양(朱襄) 등이 만들었다는 설(說)도 있다. 그러나 한자는 어느 한 사람의 손에 의하여 만들어졌다고 생각하기 어렵고, 오랜 시일이 지나는 동안에 여러 사람의 손을 거쳐 형성되었다고 본다. 한자가 생기기 이전에 문자대용으로 사용한 방법으로는 결승(結繩)·팔괘(八卦)·서계(書契) 등이 있었다고 한다.

2 한자 자체(字體)의 변천(變遷)

한자는 오랜 역사를 거치는 동안에 그 모양도 많이 변천되었다. 옛날의 갑골문자(甲骨文字)에서부터 시작하여 전서(篆書)·예서(隷書)·해서(楷書)·행서(行書)·초서(草書) 등 다양한 서체의 변화를 보이고 있으나, 오늘날은 해서와 행서가 많이 쓰이고 있다.

3 한자의 전래(傳來)

한자가 언제부터 우리나라에 들어왔는지 그 확실한 연대를 추정하기는 곤란하나, 상고시대부터 중국 민족의 빈번한 이동에 따라 그들과 접촉이 잦았던 우리 북방에서는 이미 한자(漢字)·한문(漢文)을 받아들였을 것으로 추측되며, 위만조선이나 한사군 시대에는 이미 우리 민족에 널리 보급되었을 것이다.

> ▶ 갑골문자 … 거북이의 껍질 [龜甲]이나 짐승의 뼈에 새긴 문자를 말하는 것으로서, 중국에서 가장 오래된 것이다. 이것은 은(殷)나라 때(B.C. 1751 ~ 1111년)에 사용되었다. 은은 본래 탕왕(湯王)이 상 [河南省 商邱縣]에 도읍을 정하여 상(商)이라고 불렀는데, 19대 왕 반경(盤庚)이 은 [河南省 安陽縣]으로 도읍을 옮겨 은(殷)이라고 불리게 되었다. 은나라의 도읍지가 있던 곳을 은허(殷墟)라 하는데, 이곳에서 오래 전부터 갑골문자가 새겨진 갑골이 출토되었다. 은나라 왕실에서는 거북이의 껍질을 이용하여 점을 쳤고, 그 점친 내용을 거북이의 껍질에 새겨 기록하였던 것이다.

삼국시대에 들어와서 중국과 가장 가까웠던 고구려에서는 건국초기부터 한자를 사용하였을 것이고, 백제와 신라도 고구려를 거쳐 한자·한문을 받아들였을 것이다. 「삼국사기(三國史記)」에 의하면 고구려는 소수림왕 2년(372)에 태학(太學)을 세워 한자·한문교육에 힘썼으며, 백제에서도 고이왕 52년(285)에 「천자문(千字文)」과 「논어(論語)」를 일본에 전해주었다는 것으로 보아, 삼국시대에는 한자·한문이 어느 곳에서나 상당히 널리 보급되었을 것이다. 그 뒤, 고려·조선 시대에 이르러서는 한문학의 황금시대를 이루어 많은 학자를 배출하였고, 세종대왕에 의하여 한

글이 창제되기까지의 모든 기록이 한자에 의하여 행하여졌다. 한글제정 이후에도 한자·한문은 끊임없이 사용되어 왔다.

4 한자의 3요소

한자는 표의문자(表意文字 ; 그림에 의해서나 사물의 형상을 그대로 베껴서 시각에 의해 사상을 전달하는 문자)이기 때문에, 각 한자마다 고유한 모양(形)·소리(音)·뜻(義)의 3요소를 갖추고 있다.

> 예) 馬〔形〕 → 마〔音〕 - 말〔義〕 手〔形〕 → 수〔音〕 - 손〔義〕

5 육서(六書)

한자는 표의문자(表意文字)로 그 글자의 체(字體)가 매우 복잡하게 보이나, 자세히 관찰하면 각 글자들은 어떠한 원칙에 의하여 만들어졌거나 조합되어 있음을 발견할 수 있다. 예로부터 상형(象形), 지사(指事), 회의(會意), 형성(形聲) 및 전주(轉注), 가차(假借)의 여섯가지 구성원리와 사용방법으로 한자의 구조를 설명하여 왔는데, 이를 육서(六書)라고 한다.

(1) 상형문자(象形文字) : 구체적인 사물의 모양을 본떠서 만든 글자

> 예) 日(☉ → 日) 山(⛰ → 山)

(2) 지사문자(指事文字) : 그림으로 본뜨기 어려운 추상적인 생각이나 뜻을 점·선 등의 기호나 부호로써 나타낸 글자

> 예) 上(・→ 上) 本(朩 → 本)

(3) 회의문자(會意文字) : 이미 만들어진 글자의 뜻을 둘 이상 결합해 새로운 뜻을 나타내는 글자 (뜻 + 뜻)

> 예) 明(日 + 月 → 明) 好(女 + 子 → 好) 信(人 + 言 → 信)

(4) 형성문자(形聲文字) : 음을 나타내는 부분과 뜻을 나타내는 부분이 결합해서 이루어진 글자 (뜻 + 음)

> 예) 空〔穴(뜻부분) + 工(음부분) → 空〕 忘〔亡(음부분) + 心(뜻부분) → 忘〕

(5) 전주문자(轉注文字) : 이미 있는 글자의 본래의 뜻을 확대하여 다른 뜻으로 전용해서 쓰는 글자

> 예) 樂
> • 본래의 뜻 : 풍류 → 音樂(음악)
> • 전용된 뜻 : 즐겁다 → 樂園(낙원)
>
> 善
> • 본래의 뜻 : 착하다 → 善行(선행)
> • 전용된 뜻 : 잘하다 → 善用(선용)

(6) 가차문자(假借文字) : 글자의 본래의 뜻과는 상관없이 나타내려는 사물의 모양이나 음이 비슷한 글자를 빌려서 표현하는 응용방법

> 예) 佛蘭西(불란서) 亞細亞(아세아) 弗($, 달러)

한자어의 기본구조

한자어(漢字語)는 한자(漢字)를 구성요소로 하여 모두 일정한 구성원리를 갖고 있다. 이 구성원리는 한자(漢字)와 한자(漢字)가 서로 결합하여 한 단위의 의미체(意味體)를 이루도록 하는 것이다. 이때 한자와 한자 사이에는 반드시 기능상의 관계를 맺게 되는데, 이 관계를 유형별로 살펴보면 다음과 같다.

1 병렬관계(竝列關係)

- ( )와 ( )
- ( )하고 ( )하다

(1) 상대관계(相對關係) : 뜻이 서로 상대되는 글자

> 예) 雌 ↔ 雄(자웅 : 짐승의 암컷과 수컷) 喜 ↔ 怒(희노 : 기쁨과 노여움)

(2) 대등관계(對等關係) : 뜻이 서로 대등한 글자끼리 어울려진 짜임

> 예) 魚 – 貝(어패 : 물고기와 조개) 貴 – 重(귀중 : 귀하고 중함)

(3) 유사관계(類似關係) : 뜻이 같거나 비슷한 글자끼리 어울려진 짜임

> 예) 樹 = 木(수목 : 나무) 海 = 洋(해양 : 바다)

2 어순(語順)이 우리말과 같은 구조

(1) 수식관계(修飾關係) : 수식어 + 피수식어의 짜임( )

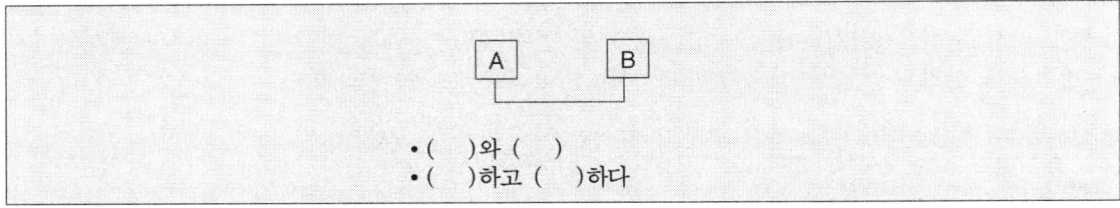

> 예) 恩師(은사 : 은혜로운 스승)   淸風(청풍 : 맑은 바람)

(2) 주술관계(主述關係) : 주어 + 서술어의 짜임(∥)

```
           주 어  ∥  서술어
        (   )이(가) ∥ (   )하다
```

> 예) 夜∥深(야심 : 밤이 깊다)   日∥出(일출 : 해가 뜨다)

3 어순(語順)이 우리말과 반대인 구조

(1) 술목관계(術目關係) : 서술어 + 목적어의 짜임(|)

```
           서술어  |  목적어
   (   )하다 | (   )을 → (   )을 (   )하다
```

> 예) 受 | 業(수업 : 학업을 받다)   讀 | 書(독서 : 책을 읽다)

(2) 술보관계(術補關係) : 서술어 + 보어의 짜임(/)

```
           서술어  /  보 어
   (   )하다 / (   )에(으로) → (   )에(으로) (   )하다
```

> 예) 登/山(등산 : 산에 오르다)   有/力(유력 : 힘이 있다)

(3) 보조관계(補助關係) : 본용언 + 보조용언의 짜임(+)

```
           본용언  +  보조용언
        (   )하지 않다 or (   )하지 못한다
```

> 예) 不+當(부당 : 당치 않다)   未+知(미지 : 알지 못하다)

한자의 부수

부수란 자전(字典)이나 사전(辭典)에서 글자를 찾는데 필요한 기본글자를 말한다. 본래 부수는 한자의 글자모양을 바탕으로 같은 부분, 비슷한 부분을 가진 한자를 한 곳에 모아놓고 공통된 부분을 질서있게 배열하기 위하여 채택한 기본자이므로 한자의 짜임과 뗄 수 없는 관계를 가지고 있다. 부수는 또한 '변(邊)', '방(傍)', '머리', '받침', '몸'의 다섯가지 원리에 의해 나누어진다. (글자가 어느 부분에 위치하느냐에 따라 분류)

1 제부수글자

一	한 일	乙	새 을	二	두 이	人	사람 인	入	들 입	八	여덟 팔	刀	칼 도
又	또 우	口	입 구	力	힘 력	土	흙 토	士	선비 사	夕	저녁 석	大	큰 대
女	계집 녀	子	아들 자	寸	마디 촌	小	작을 소	山	뫼 산	工	장인 공	己	몸 기
巾	수건 건	干	방패 간	弓	활 궁	心	마음 심	文	글월 문	斗	말 두	日	날 일
曰	가로 왈	月	달 월	木	나무 목	止	그칠 지	水	물 수	火	불 화	香	향기 향
首	머리 수	見	볼 견	谷	계곡 곡	赤	붉을 적	走	달아날 주	足	발 족	身	몸 신
車	수레 거	里	마을 리	至	이를 지	臣	신하 신	瓦	기와 와	甘	달 감	用	쓸 용
色	빛 색	龜	거북 귀	龍	용 룡	齒	이 치	齊	가지런할 제	鼠	쥐 서	黃	누를 황
黑	검을 흑	魚	물고기 어	鳥	새 조	鹿	사슴 록	麥	보리 맥	麻	삼 마	骨	뼈 골
高	높을 고	鬼	귀신 귀	面	낯 면	音	소리 음	風	바람 풍	飛	날 비	豆	콩 두

2 변형된 부수

부수의 원형		변형	부수의 원형		변형	부수의 원형		변형	부수의 원형		변형
乙	새 을	乙	人	사람 인	亻	刀	칼 도	刂	川	내 천	巛
心	마음 심	忄	手	손 수	扌	水	물 수	氵	犬	개 견	犭
玉	구슬 옥	王	示	보일 시	礻	衣	옷 의	衤	火	불 화	灬
肉	고기 육	月	艸	풀 초	艹	竹	대나무 죽	竹	邑	고을 읍	阝
阜	언덕 부	阝	辵	쉬엄쉬엄갈 착	辶·辶	卩	병부 절	㔾	攴	칠 복	攵
无	없을 무	旡	歹	뼈앙상할 알	歺	爪	손톱 조	爫	牛	소 우	牛
网	그물 망	罒	羊	양 양	羊	襾	덮을 아	襾	老	늙을 로	耂

잠깐만

가족(家族)의 호칭

구 분	자 기		타 인	
	생존시	사 후	생존시	사 후
父 아버지	가친(家親) 엄친(嚴親) 부주(父主)	선친(先親) 선고(先考) 선부군(先父君)	춘부장(春府丈) 춘장(椿丈) 춘당(春堂)	선대인(先大人) 선고장(先考丈) 선인(先人)
母 어머니	자친(慈親) 모생(母生) 가자(家慈)	선비(先妣) 선자(先慈)	자당(慈堂) 대부인(大夫人) 모당(母堂) 훤당(萱堂)	선대부인(先大夫人) 선부인(先夫人)
祖父 할아버지	조부(祖父) 왕부(王父)	조고(祖考) 왕고(王考)	왕존장(王尊丈) 왕대인(王大人)	선조부장(先祖父丈) 선왕고장(先王考丈)
祖母 할머니	조모(祖母) 왕모(王母)	조비(祖妣)	왕대부인(王大夫人) 존조모(尊祖母)	선왕대부인(先王大夫人) 선조비(先祖妣)
子 아들	가아(家兒) 가돈(家豚) 돈아(豚兒) 미돈(迷豚)	망아(亡兒)	영랑(令郎) 영식(令息) 영윤(令胤)	
女 딸	여식(女息) 식비(息鄙)		영애(令愛) 영교(令嬌) 영양(令孃)	
孫 손자	손자(孫子) 손아(孫兒)		영포(令抱) 영손(令孫)	

한자능력검정시섬 필수한자 해설

01. 7급선정 150字(8급 50字포함) 읽기
02. 두 가지 이상의 음을 갖고 있는 한자

7급선정 150字(8급 50字포함) 읽기

한자능력검정시험 7, 8급 기초 읽기 배정한자는 7급 150字, 8급 50字입니다. 8급에서 7급으로 추가가 되는 100字의 한자는 8급과의 구별을 위해 ★표를 해 두었습니다. 중급과정으로 올라가기 전 중요한 기초 한자들이니 一字一字 꼭 체크를 하고 익혀두십시오. 이 단원과 관련된 문제유형은 讀音과 訓音 그리고 漢字의 뜻풀이입니다.

家★ 집 가

부수 : 宀부   획수 : 7획

- 家風(가풍) : 한 집안에 전해 내려오는 풍습이나 범절(凡節)
- 家親(가친) : 남에게 자기 아버지를 일컫는 말
- 歸家(귀가) : 집으로 돌아가거나 돌아옴

歌★ 노래 가

부수 : 欠부   획수 : 10획

- 歌手(가수) : 노래를 부르는 일을 직업으로 하는 사람
- 歌謠(가요) : 민요, 동요, 속요, 유행가 따위를 통틀어 이르는 말   예) 大衆歌謠(대중가요)

⊕비교 可(옳을 가) : 可決(가결), 可望(가망)

間

사이 간

부수 : 門부 획수 : 4획

- 間接(간접) : 중간(中間)에 매개(媒介)를 두고 연락되는 관계
- 間食(간식) : 군음식, 샛밥
- 空間(공간) : ① 아무 것도 없이 비어 있는 곳
  ② 모든 방향으로 끝없이 펼쳐져 있는 빈 곳

江

강 강

부수 : 水(氵)부 획수 : 3획

- 江頭(강두) : 강가
- 江湖(강호) : ① 강과 호수 ② 세상, 속세 ③ 관직을 떠나 은거(隱居)해 있는 시골

車

수레 거

제부수글자

- 車駕(거가) : 임금의 수레
- 車馬(거마) : ① 수레와 말 ② 사람의 왕래. 손의 출입

工

장인 공

제부수글자

- 工業(공업) : 원료 또는 조제품에 인공(人工)을 가하여 쓸만한 물건을 제조하는 생산업
- 工藝(공예) : 물건을 만드는 재주. 제작(製作)의 기술(技術)
- 工學(공학) : 공업에 관한 이론을 연구하는 학문

空

빌 공

부수 : 穴부   획수 : 3획

- 空間(공간) : ① 빈자리, 빈틈 ② 천지(天地)의 사이
- 空腹(공복) : ① 빈 속 ② 배가 고픔
- 虛空(허공) : 텅빈 공중

발전 空手來空手去(공수래공수거). 空中樓閣(공중누각)

校

학교 교

부수 : 木부   획수 : 6획

- 登校(등교) : (학생이)학교에 감   반 下校(하교)
- 將校(장교) : 육·해·공군의 소위 이상의 무관을 통틀어 이르는 말   반 士兵(사병)

비교 交(사귈 교) : 交感(교감), 交流(교류), 交涉(교섭), 交換(교환)

教

가르칠 교

부수 : 攴(攵)부 획수 : 7획

- 教師(교사) : 학문(學問), 기예(技藝)를 가르치는 사람, 스승
- 教訓(교훈) : (사랑으로서 나아갈 길을 그르치지 않도록)가르치고 깨우침 또는 그 가르침
- 宣敎(선교) : 종교를 전하여 널리 펼침 비) 포교(布敎)

九

아홉 구

부수 : 乙부 획수 : 1획

- 九暑(구서) : 여름의 구십일간의 더위
- 九泉(구천) : ① 구지(九地)의 밑에 있는 샘 ② 땅, 대지
- 九尾狐(구미호) : 꼬리가 아홉 달린 여우. 사람을 잘 속인다 함

口

입 구

제부수글자

- 口腔(구강) : 입 속
- 口頭(구두) : 직접 입으로 하는 말 예) 口頭契約(구두계약)
- 口碑(구비) : 대대로 전하여 내려오는 말 예) 口碑文學(구비문학)

| 國 |  |  |  |  |  |  |

나라 국

부수 : 口부　획수 : 8획　　　㋛ 国

- 國防(국방) : 외적(外敵)이 침범(侵犯)하지 못하도록 준비하는 방비
- 國寶(국보) : ① 나라의 보배　② 역사상 또는 예술상 귀중한 것으로서 국가에서 보호하는 건축·기물(器物)·서화(書畫)·전적(典籍) 등
- 憂國(우국) : 나라의 현상이나 장래에 대하여 걱정함　예 憂國衷情(우국충정)

군사 군

부수 : 車부　획수 : 2획

- 軍歌(군가) : 군인들의 사기를 고취하기 위하여 부른 노래
- 軍刀(군도) : 군인이 차는 칼. 전쟁에 쓰는 칼
- 軍服(군복) : 군인이 입는 제복

쇠 금, 성 김

제부수글자

- 金庫(금고) : ① 금은보화를 저장하는 창고　② 화폐 및 귀중품 등을 넣고 화재, 도난을 방지하는 특별장치를 한 기계
- 金貨(금화) : 금으로 만든 돈
- 金剛石(금강석) : 순수한 탄소로 된 정팔면체의 결정물. 다이아몬드

氣

氣 氣 氣 氣 氣 氣

기운 기, 숨 기

부수 : 气부　획수 : 6획

약 気

- 氣流(기류) : 대기(大氣)의 유동
- 氣候(기후) : 대기의 변동과 수륙의 형세에 따라 생기는 날씨 현상
- 節氣(절기) : 이십사절기

記

記 記 記 記 記 記

기록할 기, 기억할 기

부수 : 言부　획수 : 3획

- 記念(기념) : 기억하여 잊지 아니함　예 記念碑(기념비)
- 記錄(기록) : 적음 또는 그 서류
- 記憶(기억) : 마음속에 간직하여 잊지 아니함
- 暗記(암기) : 쓴 것을 보지 않고서도 기억할 수 있도록 외움

旗

旗 旗 旗 旗 旗 旗

기 기

부수 : 方부　획수 : 10획

- 旗手(기수) : 기를 드는 사람
- 弔旗(조기) : 조의(弔意)를 나타내기 위하여 검은 선으로 일정한 표시를 한 기
- 太極旗(태극기) : 우리나라의 국기

南

남녘 남

부수 : 十부　획수 : 7획

- 南極(남극) : 지축(地軸)의 남쪽 끝　凹 北極(북극)
- 南至(남지) : 동지(冬至)의 다른 이름
  - **발전** 南男北女(남남북녀) : 우리나라에서 남쪽 지방은 남자가 잘 나고, 북쪽 지방은 여자가 아름답게 태어난다고 예로부터 일러 오는 말

男

사내 남

부수 : 田부　획수 : 2획

- 男婚(남혼) : 아들의 혼인　凹 女婚(여혼)
- 得男(득남) : 아들을 낳음　凹 得女(득녀)
  - **발전** 男尊女卑(남존여비) : 남자를 높고 귀하게 보고, 여자를 천시하는 견해에서 나온 말

內

안 내

부수 : 入부　획수 : 2획

- 內簡(내간) : 여자가 받거나 보내는 편지. 안편지
- 內應(내응) : 남몰래 적(敵)과 통함
- 內患(내환) : ① 아내의 병　② 국내의 근심

女

여자 녀, 계집 녀(여)

제부수글자

- 女權(여권) : 여자의 사회적 정치적 법률상의 권리   예) 女權伸張(여권신장)
- 女皇(여황) : 여자 황제
- 女息(여식) : 딸

年

해 년

부수 : 干부   획수 : 3획

- 年鑑(연감) : 한 해 동안에 일어난 여러 가지 일이나 기록을 모아 한 해에 한번씩 내는 간행물
- 年輪(연륜) : ① 나무가 커감에 따라 그 줄기의 횡단면에 해마다 한 금씩 둥글게 생겨나는 켜   ② 나이

農

농사 농

부수 : 辰부   획수 : 6획

- 農耕(농경) : 농사를 짓는 일. 농사, 농업
- 農繁期(농번기) : 농사에 바쁜 시기   예) 農閒期(농한기)
- 農作物(농작물) : 농사를 지어 된 물건

答 대답할 답

부수 : 竹부   획수 : 6획

- 答禮(답례) : 남에게 받은 예를 갚는 예
- 答狀(답장) : 회답하는 편지
- 問答(문답) : 물음과 대답, 서로 묻고 답함   예 問答式(문답식)

大 큰 대

제부수글자

- 大氣(대기) : 지구를 싸고 있는 공기(空氣)
- 大抵(대저) : 무릇, 대개   비 大底(대저)

道 길 도, 말할 도

부수 : 辵(辶)부   획수 : 9획

- 道德(도덕) : 사람이 행하여야 할 도리   예 道德君子(도덕군자)
- 道路(도로) : 사람이 통행하는 길
- 報道(보도) : (신문이나 방송으로) 새 소식을 널리 알림 또는 그 소식
- 軌道(궤도) : 물체가 일정한 법칙에 따라 운동할 때 그리는 경로

東	東	東	東	東	東
동녘 동					

부수 : 木부 획수 : 4획

- 東君(동군) : ① 봄의 신(神) ② 해, 태양 ③ 봄을 맡은 동쪽의 신
- 東漸(동점) : 차츰 동쪽으로 옮음
  - 발전 東奔西走(동분서주) : (어떤 일을 처리하기 위하여) 사방으로 바삐 돌아다님

動	動	動	動	動	動
움직일 동					

부수 : 力부 획수 : 9획

- 動機(동기) : ① 행동의 직접원인 ② 행위의 직접원인이 되는 마음상태
- 動脈(동맥) : 심장의 피를 전신에 보내는 맥관
- 稼動(가동) : 일을 하기 위하여 기계를 움직임   예 稼動率(가동률)

洞					洞
고을 동, 통할 통					

부수 : 水(氵)부 획수 : 6획

- 洞窟(동굴) : 굴, 깊고 넓은 굴
- 洞察(통찰) : 온통 밝히어 살핌
- 洞燭(통촉) : 아랫사람의 사정을 깊이 헤아리어 살핌

同

같을 동, 한가지 동

부수 : 口부　획수 : 3획

- 同胞(동포) : ① 같은 어머니에게서 태어난 형제 자매
　　　　　　② 한 나라 한 민족에 속하는 사람
- 雷同(뇌동) : 주견이 없이 남의 의견에 좇아 함께 어울림　<예> 附和雷同(부화뇌동)
- 和同(화동) : 서로 사이가 좋음. 화합함

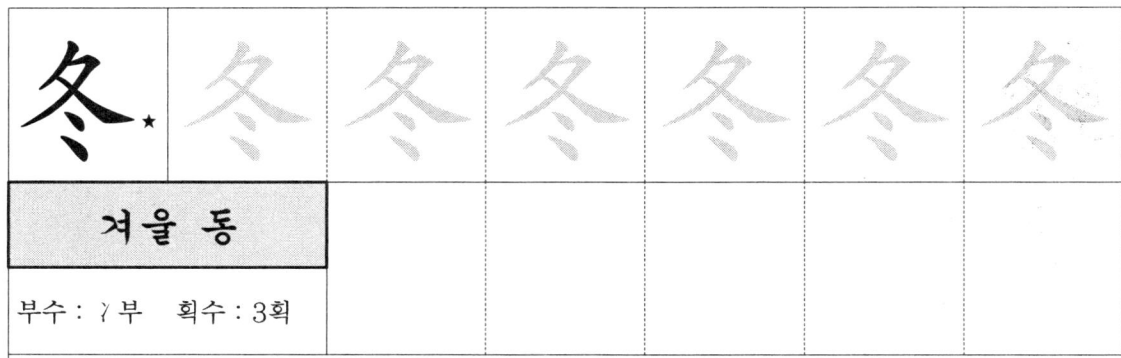

冬

겨울 동

부수 : 冫부　획수 : 3획

- 冬季(동계) : 동기(冬期), 겨울동안의 시기　<반> 夏季(하계)
- 嚴冬(엄동) : 몹시 추운 겨울　<예> 嚴冬雪寒(엄동설한)
- 越冬(월동) : 겨울을 넘김, 겨울을 남

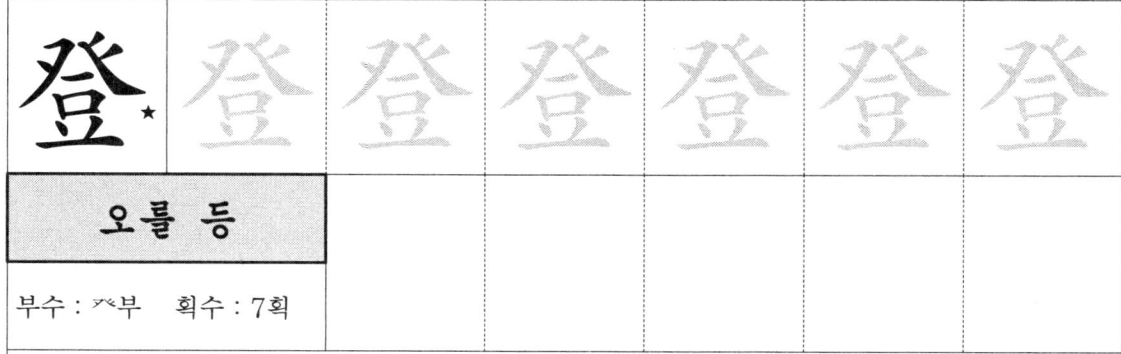

登

오를 등

부수 : 癶부　획수 : 7획

- 登錄(등록) : ① 문서나 장부에 올림
　　　　　　② 법령의 규정에 의한 어떠한 권리관계 또는 신분관계 등의 사항을
　　　　　　　공증(公證)하기 위하여 관계되는 관청의 장부에 기재하는 일
- 登用(등용) : 인재를 뽑아 씀

來

올 래

부수 : 人부　획수 : 6획

- 來訪(내방) : 집으로 찾아옴
- 以來(이래) : 지나간 일정한 때로부터 이제까지
- 將來(장래) : 장차 올 앞날

力

힘 력

제부수글자

- 力士(역사) : 뛰어나게 힘이 센 사람
- 力作(역작) : 애써서 지음 또는 그 작품. 훌륭한 작품
- 力說(역설) : 강력하게 주장함. 다짐을 주어 말함

老

늙을 로(노)

제부수글자

- 老鍊(노련) : 오랜 경험을 쌓아 능란함
- 老炎(노염) : 늦더위
- 元老(원로) : ① 나라에 큰 공을 세운 신하
　　　　　　② 오랜 동안 한 가지 일에 종사하여 그 일에 공로가 많은 사람

六

여섯 륙

부수 : 八부   획수 : 2획

- 六法(육법) : 여섯 가지의 기본 법률. 곧 헌법·형법·민법·상법·형사소송법·민사소송법
- 六旬(육순) : ① 육십 일(日) ② 예순 살

里

마을 리

제부수글자

- 里數(이수) : 거리를 리(里)의 단위로 센 수
- 洞里(동리) : ① 마을 ② 지방행정구역의 하나인 동과 리의 총칭
- 閭里(여리) : 백성의 집이 모여 있는 곳   ⓑ 閭閻(여염)

林

수풀 림(임)

부수 : 木부   획수 : 4획

- 林立(임립) : 숲의 나무와 같이 많이 늘어섬
- 林野(임야) : 나무가 늘어서 있는 넓은 땅. 산림지대
- 林業(임업) : 산림(森林)을 경영하는 사업

立

立 立 立 立 立

설 립

제부수글자

- 立件(입건) : 혐의 사실을 인정하고 사건을 성립시킴
- 立體(입체) : 길이·폭·부피를 가진 것
- 立憲(입헌) : 헌법을 세움 예) 立憲君主國(입헌군주국)

萬

萬 萬 萬 萬 萬 萬

일만 만

부수 : 艸(艹)브 획수 : 9획

속) 万

- 萬感(만감) : 여러 가지 생각, 만가지의 느낌
- 萬福(만복) : 온갖 복록(福祿)

발전) 萬頃蒼波(만경창파), 萬古不變(만고불변), 萬事亨通(만사형통), 萬壽無疆(만수무강)

每

每 每 每 每 每 每

매양 매, 마다 매

부수 : 毋부 획수 : 3획

- 每番(매번) : 번번이
- 每週(매주) : 각주 또는 주간마다
- 每回(매회) : 번번이, 매차(每次)

面

얼굴 면

제부수글자

- 面駁(면박) : 마주 보고 공박함
- 面從(면종) : 보는 앞에서만 복종함   예 面從腹背(면종복배)
- 面責(면책) : 바로 그 사람 앞에서 잘못을 책망함

名

이름 명

부수 : 口부   획수 : 3획

- 名目(명목) : ① 사물을 지정해 부르는 이름   비 稱名(칭명)   ② 구실. 이유
- 名勝(명승) : 경치가 아름다운 곳. 훌륭하고 이름난 자연 풍치
- 署名(서명) : 서류나 문서의 내용을 찬동하거나 인정하는 표지로 자기 이름을 적음
  예 署名捺印(서명날인)

命

목숨 명

부수 : 口부   획수 : 5획

- 命令(명령) : 웃사람이 아랫사람에게 내리는 분부
- 命脈(명맥) : 목숨과 맥, 즉 목숨, 생명(生命)
- 使命(사명) : 맡겨진 임무   예 使命感(사명감)
- 革命(혁명) : 급격한 변혁이 일어나는 일   예 革命家(혁명가)

母

어머니 모

부수 : 毋부　획수 : 1획

- 母體(모체) : ① 어머니의 몸　② 근본이 되는 사물
- 庶母(서모) : 아버지의 첩. 첩어미
- 乳母(유모) : 어머니 대신 젖을 먹여 길러 주는 여자. 젖어머니

木

나무 목

제부수글자

- 木星(목성) : 태양에서 다섯 번째로 가까운 혹성
- 痲木(마목) : ① 근육이 굳어져 감각이 없어지며 굴신을 못 하는 병　② 문둥병이 처음으로 피부에 나타날 때에 허는 자리　③ 오래 앉아서 다리가 저린 것
- 木克土(목극토) : 오행의 운행에 있어서 목(木)은 토(土)를 이긴다는 뜻

門

문 문

제부수글자

- 門客(문객) : ① 식객(食客)　② 글방 선생
- 門下生(문하생) : 제자(弟子)

文

글월 문, 무늬 문

제부수글자

- 文盲(문맹) : 글자를 읽지 못함 또는 그 사람. 까막눈 예 文盲打破(문맹타파)
- 文飾(문식) : 꾸밈. 장식함
- 文彩(문채) : ① 무늬 ② 문장의 아름다운 광채
- 文豪(문호) : 문학이나 문장에 뛰어난 사람

問

물을 문

부수 : 口부   획수 : 8획

- 問答(문답) : 물음과 대답. 묻고 답함
- 問喪(문상) : 사람의 죽음에 대(對)하여 위로함 비 弔喪(조상)
- 慰問(위문) : 불쌍한 사람이나 수고하는 사람들을 방문하여 위로함
  예 慰問便紙(위문편지)

物

만물 물

부수 : 牛(牜)부   획수 : 4획

- 物價(물가) : 물건의 값 예 物價指數(물가지수)
- 物情(물정) : ① 사물의 본질 ② 세상의 형편
- 寶物(보물) : 보배로운 물건 예 寶貨(보화)

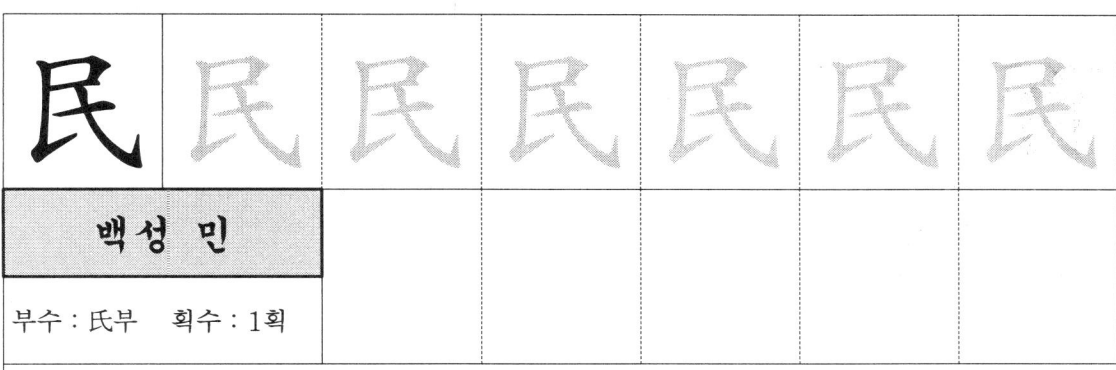

백성 민

부수: 氏부   획수: 1획

- 民心(민심) : ① 백성의 마음 ② 여론
- 民生(민생) : ① 국민의 생계   예 民生苦(민생고) ② 일반국민 ③ 사람의 천성
  - 발전 民主主義(민주주의) : 주권이 인민에게 속하며, 인민에 의해서, 인민을 위하여 정치를 하는 주의. 그 근본사상은 다수인의 의사를 존중함에 있음

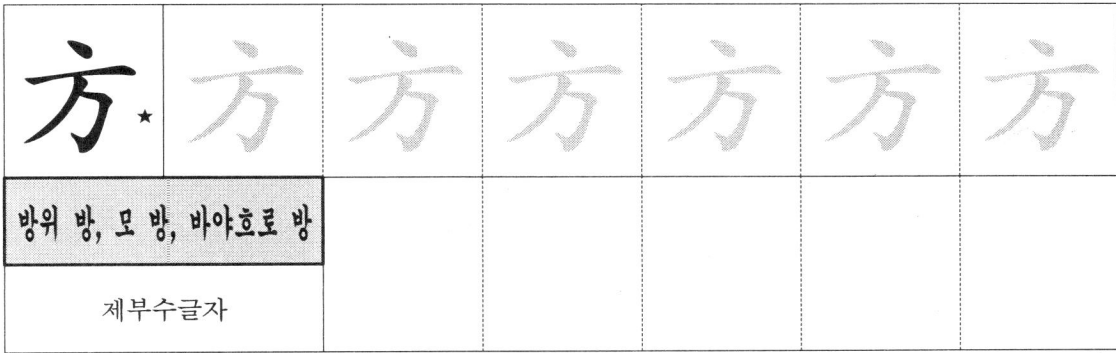

방위 방, 모 방, 바야흐로 방

제부수글자

- 方案(방안) : 일을 처리할 방법이나 방도에 관한 안(案)
- 方針(방침) : ① 사업이나 행동방향의 지침 ② 방위를 가리키는 지남침
- 處方(처방) : ① 병의 증세에 따라 약재를 배합하는 방법 ② 일 처리의 방법

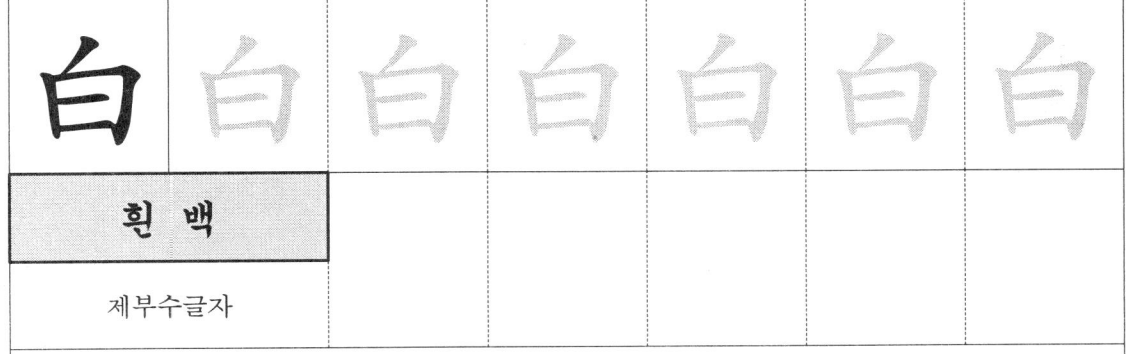

흰 백

제부수글자

- 白熱(백열) : ① 물체가 흰 빛에 가까운 빛을 낼 정도로, 아주 높은 온도에서 가열되는 일 ② 극도에 오른 정열을 비유하여 이르는 말   예 白熱戰(백열전)
- 潔白(결백) : ① 깨끗하고 흼 ② 지조를 더럽히는 일이 없이 깨끗함
- 蒼白(창백) : 핏기가 없이 핼쑥함

百

百 百 百 百 百 百

일백 백

부수 : 白부   획수 : 1획

- 百穀(백곡) : 여러 가지 곡식
- 百歲(백세) : ① 백 년 ② 백 살
- 百世(백세) : 오랜 세대

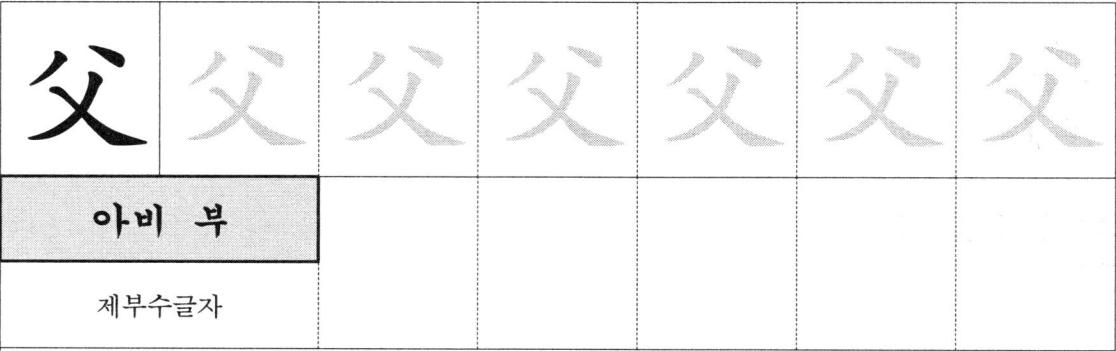

아비 부

제부수글자

- 父老(부로) : 늙으신네. 나이 많은 사람에 대한 존칭
- 嚴父(엄부) : 엄격한 아버지   빤 慈母(자모)

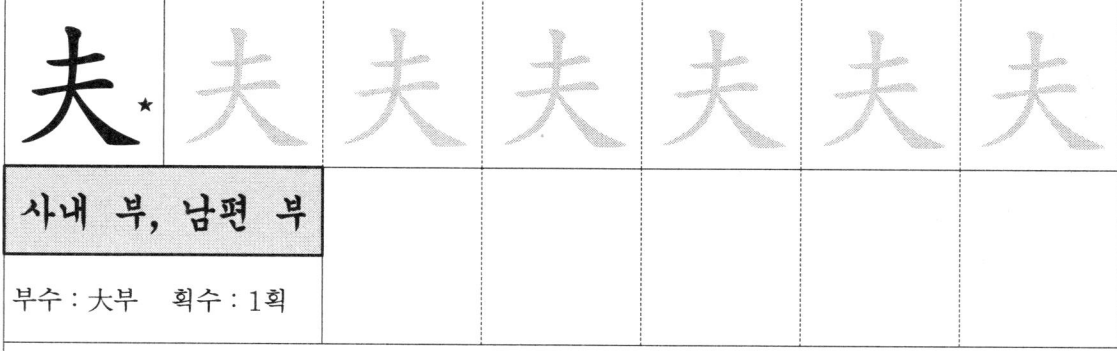

사내 부, 남편 부

부수 : 大부   획수 : 1획

- 大丈夫(대장부) : 건장하고 씩씩한 사나이. 장부(丈夫)
- 士大夫(사대부) : 문벌이 높은 사람을 일컫던 말
- 匹夫(필부) : ① 한 사람의 남자 ② 대수롭지 않은 그저 평범한 남자
  - 발전 匹夫匹婦(필부필부) : 대수롭지 않은 그저 평범한 남녀

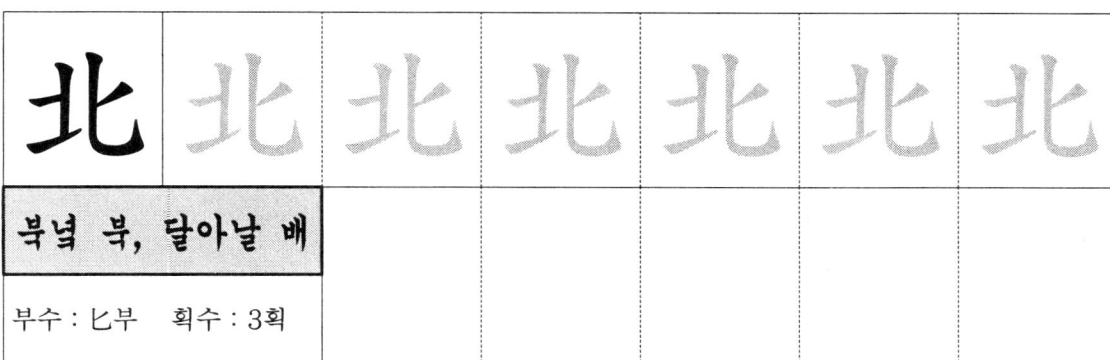

북녘 북, 달아날 배

부수 : 匕부   획수 : 3획

- 北極(북극) : ① 지구(地球)의 북쪽 끝 ⑪ 南極(남극)   ② 북극성(北極星)   ③ 임금의 자리
- 北緯(북위) : 적도(赤道) 이북의 위도(緯度)
- 敗北(패배) : ① 싸움에서 짐   ② 패하여 달아남 ⑪ 敗走(패주)

아닐 불(부)

부수 : 一부   획수 : 3획

- 不經濟(불경제) : (비용·물자·노력 등이) 일반적인 기준보다 더 들어 낭비되거나 절약이 못 됨
- 不夜城(불야성) : '밤이 낮같이 밝은 곳'의 비유
- **발전** 不撓不屈(불요불굴) : 한 번 결심한 마음이 흔들리거나 굽힘이 없이 억셈

넉 사, 넷 사

부수 : 囗부   획수 : 2획

- 四窮(사궁) : 환(鰥 : 늙은 홀아비), 과(寡 : 늙은 홀어미), 고(孤 : 부모없는 아이), 독(獨 : 자식없는 늙은이)의 불행을 통틀어 이르는 말
- 四海(사해) : ① 사방의 바다   ② 온 천하
- **발전** 四通五達(사통오달) : 길이 이리저리 여러군데로 통함

事	事	事	事	事	事	事

일 사, 섬길 사

부수 : 亅부   획수 : 7획

- 事理(사리) : 사물의 이치. 일의 도리
- 事親(사친) : 어버이를 섬김
- 慶事(경사) : 축하할 만한 기쁜 일

山	山	山	山	山	山	山

산 산, 뫼 산

제부수글자

- 山林(산림) : ① 산과 숲 ② 산에 있는 숲 ③ 학덕 높은 선비
- 山所(산소) : ① 무덤 ② 조상의 무덤이 있는 산
- 山積(산적) : 산더미처럼 쌓임 또는 산더미처럼 쌓음
- [발전] 山高水長(산고수장) : 산은 높고 물은 길다. 어진 사람의 높은 인격을 비유

算	算	算	算	算	算	算

셈할 산

부수 : 竹부   획수 : 8획

- 算出(산출) : 계산해 냄. 셈함 예) 算出價格(산출가격)
- 決算(결산) : ① 계산을 마감함 예) 決算報告(결산보고)
            ② 공공기관이나 기업체 등에서 일정기간의 수입과 지출을 계산하는 일

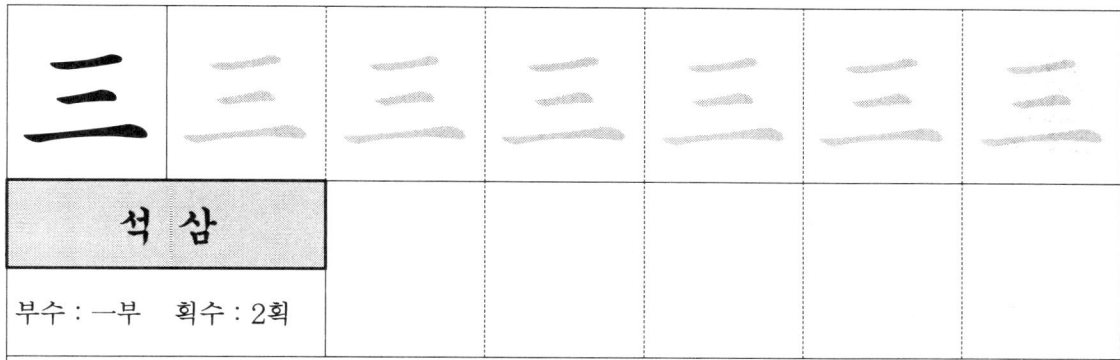

석 삼

부수 : 一부 획수 : 2획

- 三綱(삼강) : 임금과 신하, 부모와 자식, 남편과 아내 사이에 지켜야 할 세 가지 도리
- 三省(삼성) : 여러 번 반성함. 거듭 반성함
- 再三(재삼) : 두 세 번 거듭

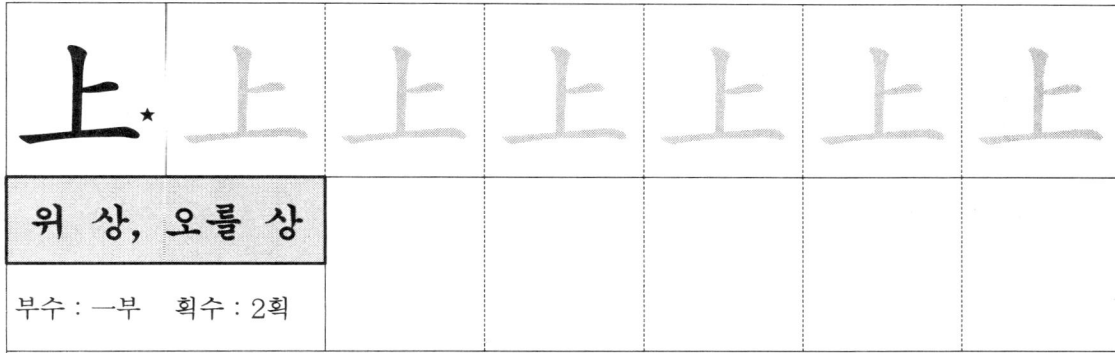

위 상, 오를 상

부수 : 一부 획수 : 2획

- 上客(상객) : ① 자기보다 지위가 높은 손님
  ② 혼인 때 신랑이나 신부를 데리고 가는 사람
- 上覽(상람) : 임금이 봄
- 上座(상좌) : 높은 자리. 윗자리

빛 색

제부수글자

- 色魔(색마) : 여색(女色)에 미친 사람
- 色情(색정) : 남녀간의 욕정(欲情). 색을 좋아하는 마음
- 物色(물색) : ① 물건의 빛깔
  ② 어떠한 표준하에 쓸 만한 사람이나 물건을 찾아 고름

| 生 | 生 | 生 | 生 | 生 | 生 | 生 |

날 생

제부수글자

- 生動(생동) : 살아 움직임. 특히 그림이나 글씨 따위가 썩 잘 되어서 기운이 살아 움직이듯이 보임
- 生育(생육) : ① 낳아서 기르는 것. 성장·발육함. 낳아서 양육함
  ② 이미 노인이 됨

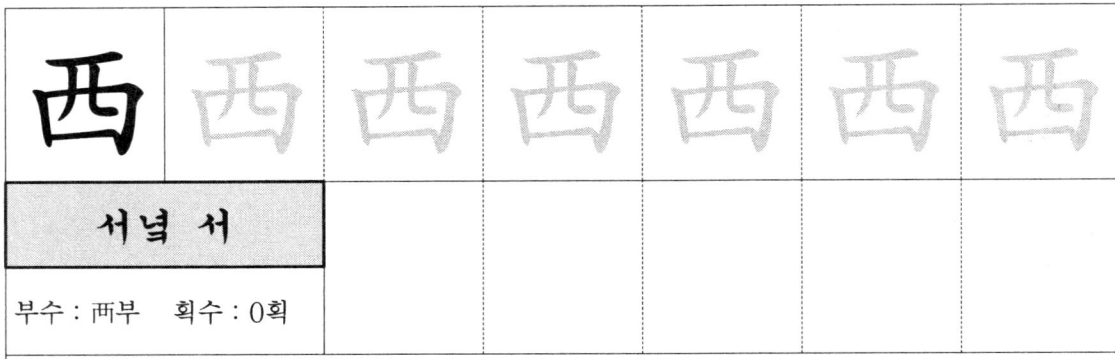

서녘 서

부수 : 襾부 획수 : 0획

- 西歐(서구) : 서부 유럽의 여러 나라
- 西風(서풍) : ① 서쪽에서 불어 오는 바람
  ② 가을 바람. 오행설(五行說)에서 가을은 서쪽에 해당함

🔼 발전 東問西答(동문서답) : 어떤 물음에 대하여 당치도 않은 엉뚱한 대답을 함

저녁 석

제부수글자

- 夕刊(석간) : 저녁 때 배달되는 신문. '석간 신문'의 준말 ㉯ 朝刊(조간)
- 夕室(석실) : 한편으로 기울어진 방
- 夕陽(석양) : ① 저녁 때의 해 ② 저녁 나절

先

먼저 선

부수 : 儿부　획수 : 4획

- 先考(선고) : 돌아가신 아버지. 선인(先人). 선친(先親)　비 先妣(선비)
- 先驅(선구) : ① 어떤 사상이나 일에 있어서 앞선 사람　예 先驅者(선구자)
　　　　　　② 말 탄 행렬의 앞장선 사람　비 前驅(전구)
- 先納(선납) : 기한 전에 미리 바침

姓

성씨 성, 겨레 성

부수 : 女부　획수 : 5획

- 姓名(성명) : 성(姓)과 이름　비 姓銜(성함)
- 百姓(백성) : ① 국민의 예스러운 말　② 문벌이 높지 않은 여느 사람
- 同姓(동성) : 같은 성씨　예 同姓同本(동성동본)

世

세대 세, 세상 세

부수 : 一부　획수 : 4획

- 世孫(세손) : 임금의 맏손자
- 世態(세태) : 세상 형편　비 世相(세상)
- 隔世(격세) : 세대를 거름　예 隔世之感(격세지감)
- 亂世(난세) : (전쟁이 일어나거나 하여) 어지럽게 된 세상

小 小 小 小 小 小 小

작을 소

제부수글자

- 小心(소심) : 대담하지 못하고 조심이 너무 많음
- 小兒(소아) : ① 어린 아이 ② 자기 아들을 낮추어 일컫는 말
  - **[발전]** 積小成大(적소성대) : 작은 것도 많이 모여 쌓이면 크게 됨

少 少 少 少 少 少 少

적을 소, 젊을 소

부수 : 小부   획수 : 1획

- 年少者(연소자) : 나이가 젊은 사람 또는 나이가 어린 사람
- 減少(감소) : 줄어서 적어짐   **(반)** 增加(증가)
- 稀少(희소) : 드물고 적음   **(예)** 稀少價値(희소가치)
  - **[비교]** 小(작을 소) : 小康(소강), 小量(소량), 小說(소설), 小妾(소첩), 弱小(약소), 縮小(축소)

所 所 所 所 所 所 所

바 소, 곳 소

부수 : 戶부   획수 : 4획

- 所管(소관) : 어떤 사무를 맡아 관리함 또는 그 사무
- 所屬(소속) : (어떤 기관이나 조직에) 딸림 또는 그 딸린 사람이나 물건
- 急所(급소) : (사물의) 가장 중요한 부분
- 住所(주소) : 법률에서 실질적인 생활의 근거가 되는 곳을 말함

水

물 수

제부수글자

- 水魔(수마) : 몹시 심한 수재
- 水壓(수압) : 물의 압력
- 治水(치수) : 수리 시설을 잘하여 물길을 바로 내고 홍수나 가뭄의 피해를 막는 일
  - 예 治山治水(치산치수)

手

손 수

제부수글자

- 手配(수배) : ① 범인을 잡으려고 수사망을 펴는 일
  ② 부서(部署)를 갈라맡아 어떤 일을 하게 함
- 國手(국수) : ① 이름난 의사. 명의(名醫)
  ② 장기나 바둑 따위의 예능이 한 나라에서 일류 가는 사람

數

셈 수, 자주 삭

부수 : 攴(攵)부   획수 : 11획

- 數量(수량) : 수효와 분량
- 數學(수학) : 수량 및 도령의 성질이나 관계를 연구하는 학문
- 數數(삭삭) : 자주자주
  - 발전 權謀術數(권모술수) : 남을 교묘하게 속이는 술책

市

저자 시

부수 : 巾부   획수 : 2획

- 市街(시가) : 도시의 큰 길거리
- 市民(시민) : 도시의 주민
- 市井(시정) : ① 人家(인가)가 모여 있는 곳. 시가, 거리
  ② 거리의 장사치. 서민(庶民)   예) 市井輩(시정배)

時

때 시

부수 : 日부   획수 : 6획

- 時局(시국) : 당면한 국내 및 국제적 정세. 현재의 세상 형편
- 時急(시급) : 때가 절박하여 몹시 급함
- 時速(시속) : 한 시간에 달리는 속도

食

밥 식, 밥 사

제부수글자

- 食祿(식록) : 벼슬아치에게 주는 봉급
- 食傷(식상) : 과식이나 나쁜 음식을 먹어서 일어나는 배앓이
- **[발전]** 簞食壺漿(단사호장) : 도시락 밥과 병에 넣은 마실 것. 얼마 안 되는 음식. 백성들이 자기들을 구해주는 의병이 왔을 때 그를 위로함을 형용하는 말

植

심을 식

부수 : 木부　획수 : 8획

- 植物(식물) : 초목(草木)의 총칭　⑪ 動物(동물)
- 植樹(식수) : 나무를 심음. 심은 나무　⑪ 植木(식목)
- 移植(이식) : 농작물이나 나무를 다른 데로 옮겨 심는 일

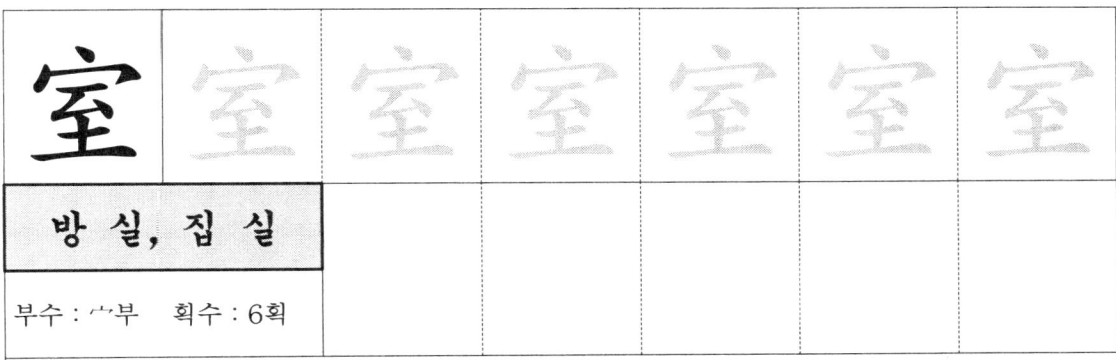

방 실, 집 실

부수 : 宀부　획수 : 6획

- 居室(거실) : ① 거처하는 방　② 서양식 집에서 가족이 모여 생활하는 공간
- 事務室(사무실) : 사무를 보는 방
- 寢室(침실) : 잠을 잘 수 있게 마련된 방

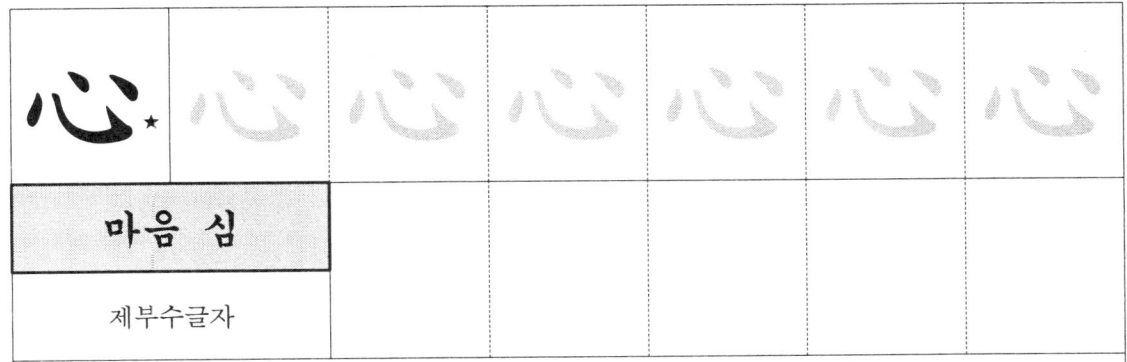

마음 심

제부수글자

- 心腹(심복) : ① 가슴과 배　② 속마음. 진심　③ 매우 친절한 사람. 썩 가까워 마음놓고 믿을 수 있는 부하
- 都心(도심) : 도시의 중심부
- 湖心(호심) : 호수의 한가운데

十 열 십

제부수글자

- 十誡命(십계명) : 예수교에서 모세가 하느님으로부터 받은 10개조의 계시
- 十進法(십진법) : 어떤 단위의 수가, 열이 모일 때마다 그 위의 새로운 단위의 이름을 붙여 세는 법

발전 十中八九(십중팔구) : 열이면 여덟이나 아홉이 그러함. 곧 '거의 예외 없이 그렇게 될 것'이란 추측을 나타냄

安 편안할 안

부수 : 宀부   획수 : 3획

- 安樂(안락) : 마음과 기운이 편안하고 즐거움
- 安住(안주) : 자리잡고 편안히 삶
- 治安(치안) : 국가와 사회의 안녕질서를 보전하고 지켜감   예) 治安維持(치안유지)

語 말씀 어

부수 : 言부   획수 : 7획

- 語調(어조) : 말의 가락, 말하는 투   예) 語助辭(어조사)
- 語源(어원) : 낱말이 생겨난 역사적 근원
- 外來語(외래어) : 외국에서 빌려 마치 국어처럼 쓰는 단어

然
그러할 연, 불탈 연

부수 : 火(灬)부 획수 : 8획

- 漠然(막연) : ① 아득함 ② 똑똑하지 못하고 어렴풋함
- 偶然(우연) : 뜻밖에 저절로 됨 또는 그 일 (반) 必然(필연)
- 天然(천연) : 사람이 손대거나 만들지 아니한 자연 그대로의 상태
  (예) 天然記念物(천연기념물)

五
다섯 오

부수 : 二부 획수 : 2획

- 五穀(오곡) : 다섯 가지 곡식. 벼, 보리, 콩, 조, 기장 (예) 五穀白果(오곡백과)
- 五行(오행) : 우주간에 쉬지 않고 운행하는 다섯 원소. 금(金), 목(木), 수(水), 화(火), 토(土)

午
낮 오

부수 : 十부 획수 : 2획

- 午時(오시) : 오전 열한시부터 오후 한시까지의 시간. 낮
- 午前(오전) : 정오(正午) 이전 (반) 午後(오후)

王 임금 왕

王 王 王 王 王

부수 : 玉(王)부   획수 : 0획

- 王陵(왕릉) : 왕의 능
- 王后(왕후) : ① 제왕(帝王)의 아내   ② 황후(皇后), 왕비(王妃)

外 바깥 외

外 外 外 外 外 外

부수 : 夕부   획수 : 2획

- 外交(외교) : ① 외국과의 교제. 교섭(交涉)   ② 모든 교제
- 外信(외신) : 외국으로부터 온 소식이나 그 소식의 보도   예) 外信記者(외신기자)

右 오른 우

右 右 右 右 右 右

부수 : 口부   획수 : 2획

- 右翼(우익) : ① 오른쪽 날개   ② 보수적이고 점진적인 당파   반) 左翼(좌익)
- 左右(좌우) : ① 왼쪽과 오른쪽   ② 곁 또는 옆
- 발전 右往左往(우왕좌왕) : 이리저리 오락가락함 또는 어떤 일을 결정짓지 못하고 망설임

月

달 월

제부수글자

- 月給(월급) : 다달이 받는 봉급(俸給), 급료(給料)
- 月次(월차) : ① 달의 하늘에 있는 위치 ② 매월(每月)

有

있을 유

부수 : 月부 획수 : 2획

- 有望(유망) : 앞으로 잘 될 듯함. 희망(希望)이 있음
- 有效(유효) : 보람이나 효과가 있음 예) 有效期間(유효기간)

育

기를 육

부수 : 肉(月)부 획수 : 4획

- 育兒(육아) : 어린아이를 기름 예) 育兒日記(육아일기)
- 育英(육영) : 인재를 가르쳐 기름. 곧 '교육'을 달리 이르는 말 예) 育英財團(육영재단)
- 敎育(교육) : 지식을 가르치고 품성과 체력을 기름 예) 敎育課程(교육과정)

| 邑 | 邑 | 邑 | 邑 | 邑 | 邑 | 邑 |

고을 읍

제부수글자

- 邑里(읍리) : 읍과 촌락
- 邑長(읍장) : 읍의 우두머리

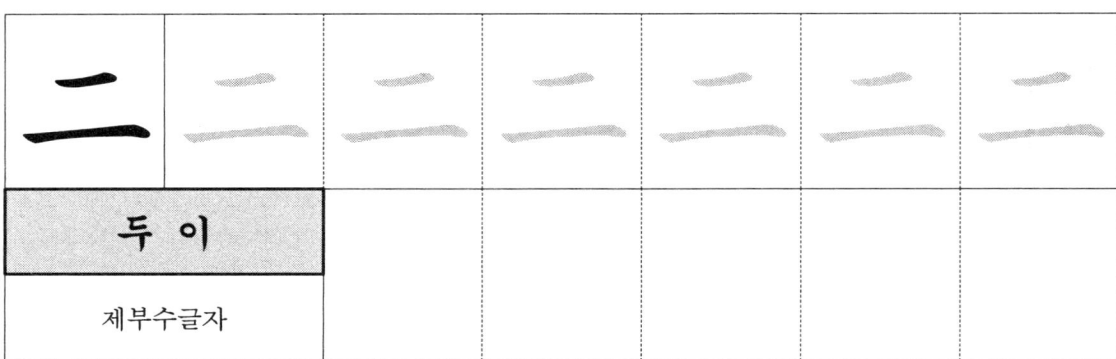

두 이

제부수글자

- 二分(이분) : 둘로 나눔   예 二分法(이분법)
- 二重(이중) : 두겹, 겹침   예 二重過歲(이중과세), 二重人格(이중인격)

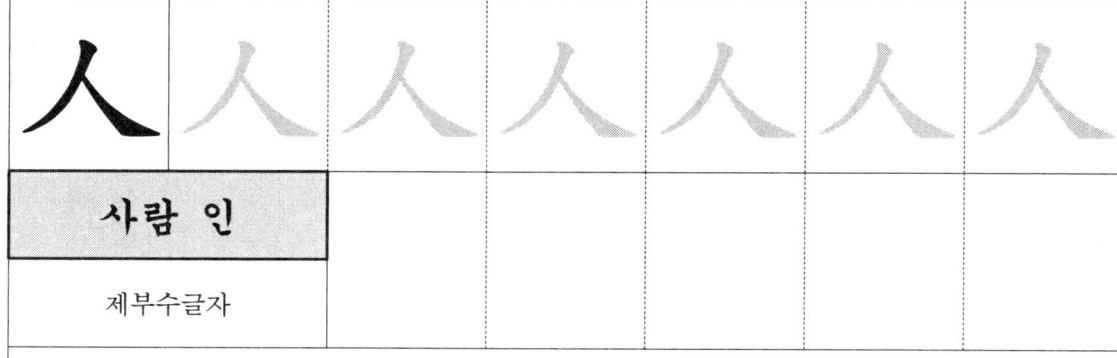

사람 인

제부수글자

- 人間(인간) : 사람, 세상   예 人間界(인간계)
- 人相(인상) : ① 사람의 품격 ② 도덕적 행위의 주체가 되는 개인

一	一	一	一	一	一	一
한 일 제부수글자						

- 一擧(일거) : 한번 행함 예) 一擧手一投足(일거수일투족), 一擧兩得(일거양득)
- 一貫(일관) : ① 한 이치(理致)로 처음부터 끝을 꿰뚫음
  ② 시종 변하지 않는 것 예) 一貫性(일관성)

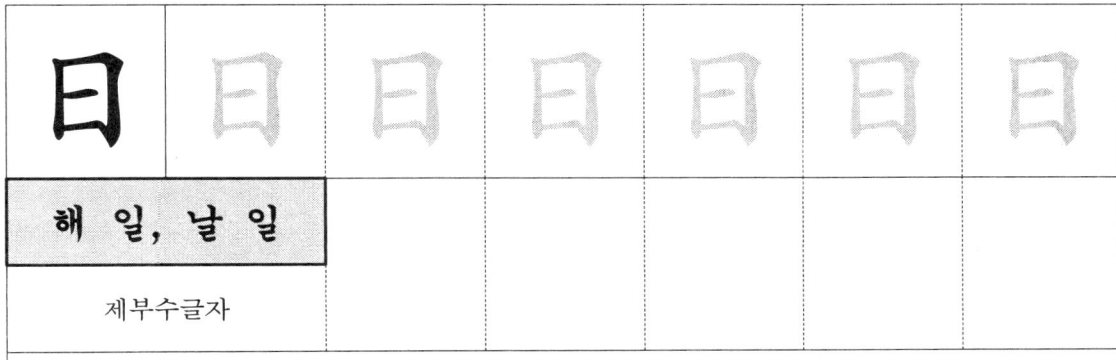

日	日	日	日	日	日	日
해 일, 날 일 제부수글자						

- 日課(일과) : 날마다 하는 일이나 과정 예) 日課表(일과표)
- 日程(일정) : 그 날의 할 일이나 일의 분량

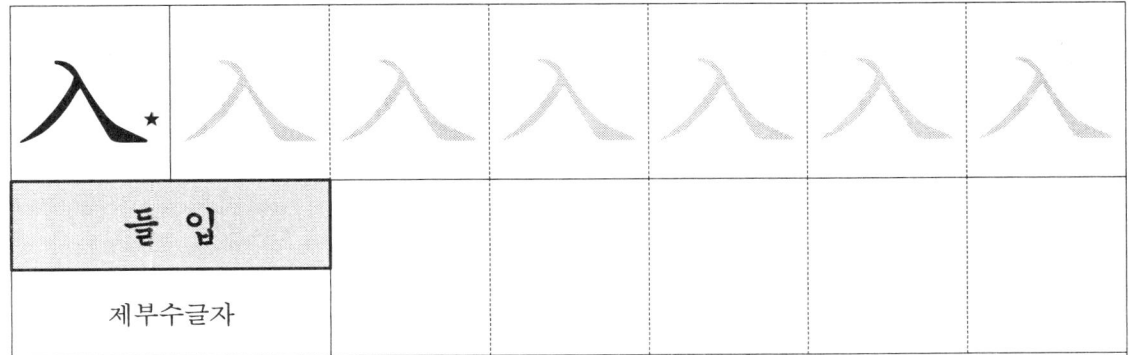

入	入	入	入	入	入	入
들 입 제부수글자						

- 入門(입문) : ① 문하생이 됨 ② 초보자가 공부하기 쉽도록 만든 책 예) 入門書(입문서)
- 入選(입선) : 당선(當選)됨

自 自 自 自 自 自 自

스스로 자, 몸 자

제부수글자

- 自己(자기) : 제 몸. 자아(自我). 자기자신
- 自由(자유) : 마음 내키는 대로 함 예 自由席(자유석)

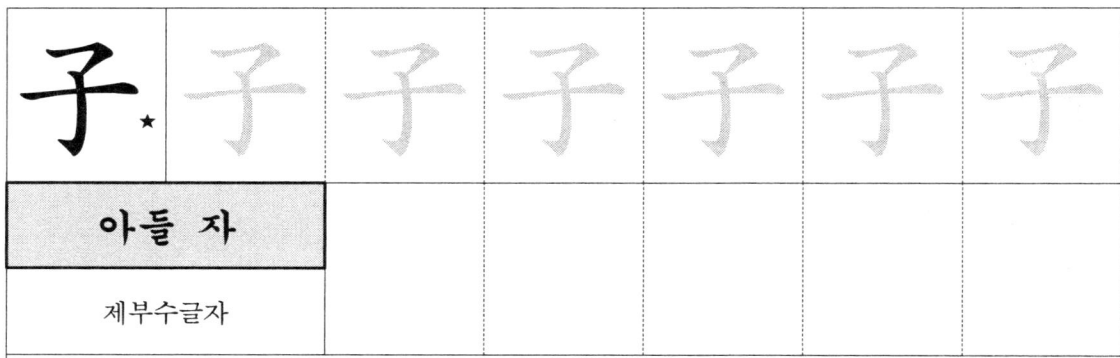

아들 자

제부수글자

- 子細(자세) : 상세함
- 子息(자식) : 아들 또는 아들과 딸의 총칭 예 無子息(무자식) 비 子弟(자제)

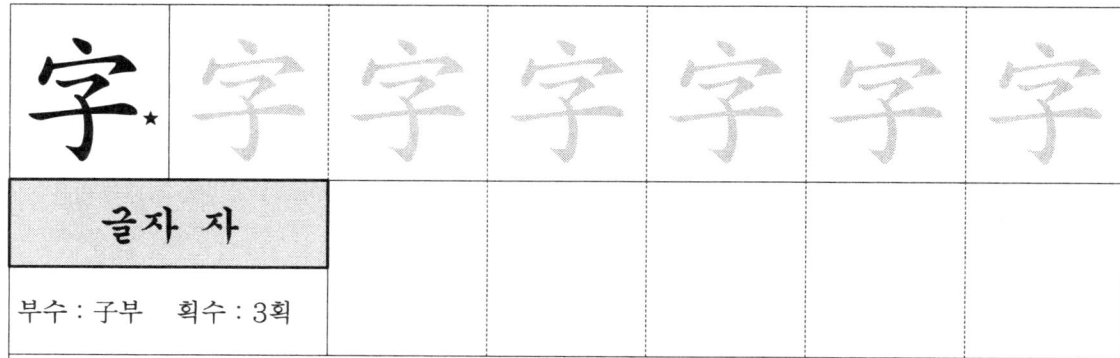

글자 자

부수 : 子부   획수 : 3획

- 字牧(자목) : 고을 원(員)이 백성을 사랑으로 다스림
- 字解(자해) : 글자의 풀이. 특히 한자의 풀이
- 文字(문자) : ① 글자 ② 예전부터 전하여 내려오는 어려운 말귀

長

길 장, 어른 장

제부수글자

- 長久(장구) : 길고 오램
- 長幼(장유) : ① 어른과 아이 ② 손위와 손아래 예) 長幼有序(장유유서)
- 長點(장점) : ① 좋은 점. 더 뛰어난 점 ② 특히 잘하는 점 반) 短點(단점)

場

마당 장

부수 : 土부   획수 : 9획

- 場所(장소) : 처소, 자리, 곳
- 登場(등장) : ① 무대나 장면에 나옴 ② 무슨 일에 어떤 인물이 나타남

電

전기 전

부수 : 雨부   획수 : 5획

- 電擊(전격) : 번개처럼 갑자기 공격함
- 電文(전문) : 전보의 문구
- 발전) 電光石火(전광석화) : 번갯불 또는 돌과 돌을 마주 칠 때 나는 번쩍 빛나는 불꽃. 아주 빠른 동작을 비유

全 / 全 全 全 全 全

온전할 전, 모두 전

부수 : 入부   획수 : 4획

- 全部(전부) : 모두 다
- 完全(완전) : 모자람이 없음. 흠이 없음   예) 完全無缺(완전무결)

前 / 前 前 前 前 前

앞 전, 앞설 전

부수 : 刀(刂)부   획수 : 7획

- 前後(전후) : ① 앞과 뒤 ② 먼저와 나중 ③ (일정한 수, 수량의)안팎
  - 발전 前代未聞(전대미문) : 지금까지 들어본 적이 없는 새로운 일을 이르는 말

正 / 正 正 正 正 正

바를 정

부수 : 止부   획수 : 1획

- 正常(정상) : 바르고 떳떳함
- 正員(정원) : 자격이 있는 회원이나 사람   예) 正會員(정회원)

弟

아우 제

부수 : 弓부   획수 : 4획

- 弟嫂(제수) : 아우의 아내
- 師弟(사제) : 스승과 제자
- 兄弟(형제) : 형과 아우

祖

할아버지 조, 조상 조

부수 : 示(礻)부   획수 : 5획

- 祖父(조부) : 할아버지
- 開祖(개조) : 무슨 일을 처음으로 시작하여 그 일파의 원조가 된 사람
- 祖上(조상) : 돌아간 어버이 위로 대대의 어른. 선조(先祖)

足

발 족

제부수글자

- 足赤(족적) : ① 발자국 ② 걸어온 자취
- 足指(족지) : 발가락

左

왼 좌

부수 : 工부   획수 : 2획

- 左言(좌언) : 사리에 어긋나는 말
- 左右(좌우) : ① 왼쪽과 오른쪽 ② 곁, 옆, 측근(側近)
- 左遷(좌천) : 관리가 높은 자리에서 낮은 자리로 떨어짐

主

주인 주

부수 : 丶부   획수 : 4획

- 主觀(주관) : 대상을 인식하고 사고하는 주체(主體) 凹 客觀(객관)
- 主張(주장) : 굳게 내세우는 의견 凹 主宰(주재)

住

살 주

부수 : 人(亻)부   획수 : 5획

- 住居(주거) : ① 일정한 곳에 자리를 잡고 삶. 거주 ② 사람이 사는 집
- 住宅(주택) : 사람이 들어 사는 집

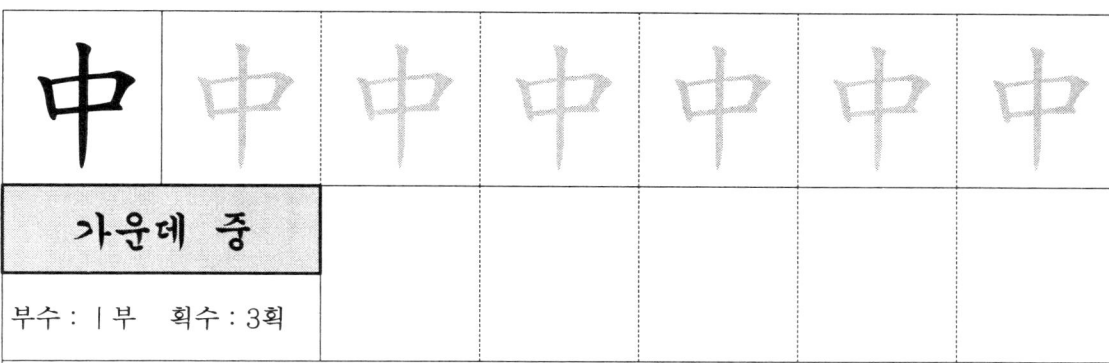

가운데 중

부수 : ㅣ부 획수 : 3획

- 中毒(중독) : 음식이나 약 같은 것의 독성에 치어서 기능성 장애를 일으키는 일
  예) 食中毒(식중독)
- 中斷(중단) : 중간에 끊어짐 비) 中絶(중절)

무거울 중

부수 : 里부 획수 : 2획

- 重量(중량) : 무게
- 重要(중요) : 매우 귀중하고 중요함
- 輕重(경중) : 가벼움과 무거움
- 重厚(중후) : 태도가 진중하고 심덕이 두터움

종이 지

부수 : 糸부 획수 : 4획

- 紙匣(지갑) : ① 종이로 만든 갑 ② 가죽, 헝겊 등으로 만든, 돈을 넣는 물건
- 紙面(지면) : ① 종이의 표면 ② 글이 실린 종이의 겉면. 지상(紙上) ③ 편지
- 紙幣(지폐) : 종이에 인쇄하여 만든 화폐, 지화(紙貨), 지전(紙錢)

地

땅 지

부수 : 土부   획수 : 3획

- 地位(지위) : ① 처지, 위치 ② 신분
- 地點(지점) : 일정한 지역 안에서의 구체적인 어떤 곳
- 處地(처지) : 처하고 있는 사정이나 형편

直

곧을 직

부수 : 目부   획수 : 3획

- 直言(직언) : 자기가 믿는 대로 기탄 없이 말함. 곧이곧대로 말함
- 直接(직접) : 중간에 다른 것을 거치지 않고 바로 ⑪ 間接(간접)
- 曲直(곡직) : 옳고 그름

川

내 천

제부수글자

- 川谷(천곡) : 내와 골짜기
- 川川(천천) : 느린 모양. 더딘 모양

일천 천

부수 : 十부   획수 : 1획

- 千差萬別(천차만별) : 여러 가지 물건이 각각 차이(差異)와 구별이 있음
- 千秋(천추) : 천년(千年)의 긴 세월
- 千葉(천엽) : 여러 겹으로 된 꽃잎

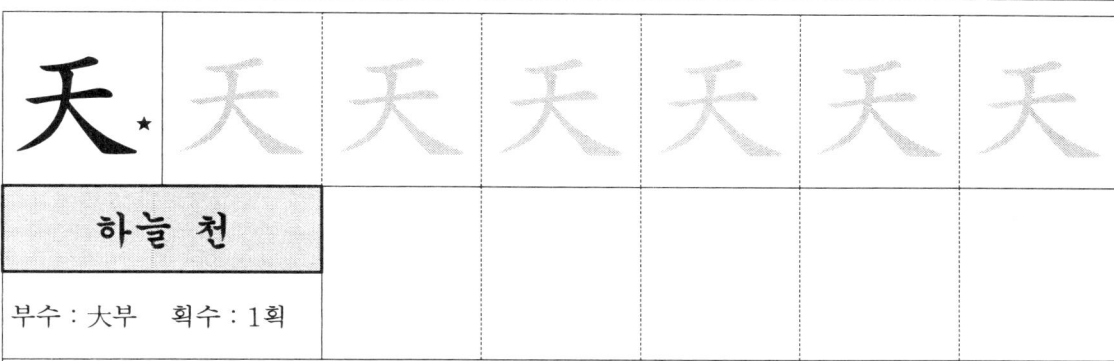

하늘 천

부수 : 大부   획수 : 1획

- 天氣(천기) : 하늘의 기상(氣象)과 날씨   비) 日氣(일기)
- 天然(천연) : 자연 그대로의 상태   예) 天然物(천연물), 天然色(천연색)

푸를 청

제부수글자

- 靑雲(청운) : ① 푸른 구름 ② 높은 이상이나 벼슬
- 丹靑(단청) : ① 붉은 빛과 푸른 빛 ② 채색(彩色) ③ 집의 벽, 기둥, 천장 같은 데에 여러 가지 빛깔로 그림이나 무늬를 그림
- 踏靑(답청) : 봄날 푸른 물을 밟고 거님. 들을 산책함

草

풀 초

부수 : 艸(艹)부 획수 : 6획

- 草芥(초개) : 풀과 먼지, 곧 아무 소용이 없거나 하찮은 것을 비유하는 말
- 草案(초안) : ① 안건(案件)을 기초(起草)함 ② 문장이나 시 따위를 초잡음
- 草創(초창) : 비롯하여 시작함. 사업의 시초 예 草創期(초창기)

寸

마디 촌

제부수글자

- 寸劇(촌극) : 아주 짧은 연극
- 寸志(촌지) : 약속한 뜻이라는 말로, 자기 증정물의 경칭

村

마을 촌

부수 : 木부 획수 : 3획

- 村落(촌락) : 시골 부락 반 都市(도시)
- 農村(농촌) : 농업 생산을 전통적인 생업으로 삼아 온 지역이나 마을

秋

가을 추

부수 : 禾부   획수 : 4획

- 秋霜(추상) : ① 가을의 찬 서리 ② 서슬이 퍼런 위험이나 엄한 형벌의 비유
- 秋收(추수) : 가을에 익은 곡식을 거둬들이는 일. 가을걷이
- 存亡之秋(존망지추) : 국가의 존망에 관한 중요한 시기

春

봄 춘

부수 : 日부   획수 : 5획

- 春耕(춘경) : 봄에 하는 논밭 갈기
- 春夢(춘몽) : ① 봄밤에 꾸는 꿈
          ② 헛된 꿈, 덧없는 꿈, 인생의 허무함을 일컫는 말   예) 一場春夢(일장춘몽)
- 春心(춘심) : ① 봄철에 느끼는 정서 ② 남녀간의 정욕   비) 春情(춘정)

出

날 출

부수 : 凵부   획수 : 3획

- 出勤(출근) : 근무하는 곳에 나감   반) 退勤(퇴근)
- 出場(출장) : 경기에 나감
- 出張(출장) : 직무를 띠고 나감

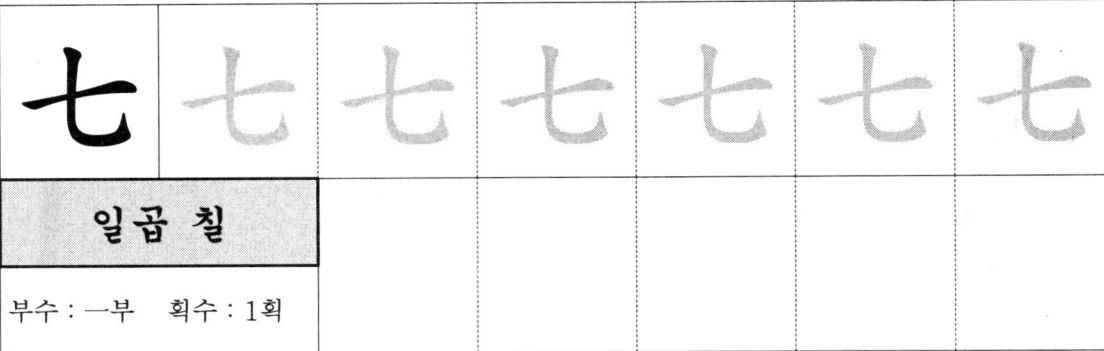

일곱 칠

부수 : 一부   획수 : 1획

- 七夕(칠석) : 음력 7월 초이렛날   예 七月七夕(칠월칠석)
- 七星(칠성) : 북두칠성(北斗七星)

흙 토

제부수글자

- 土砂(토사) : 모래   예 土砂物(토사물)
- 土産(토산) : 그 토지의 산물. 선물을 뜻하기도 함

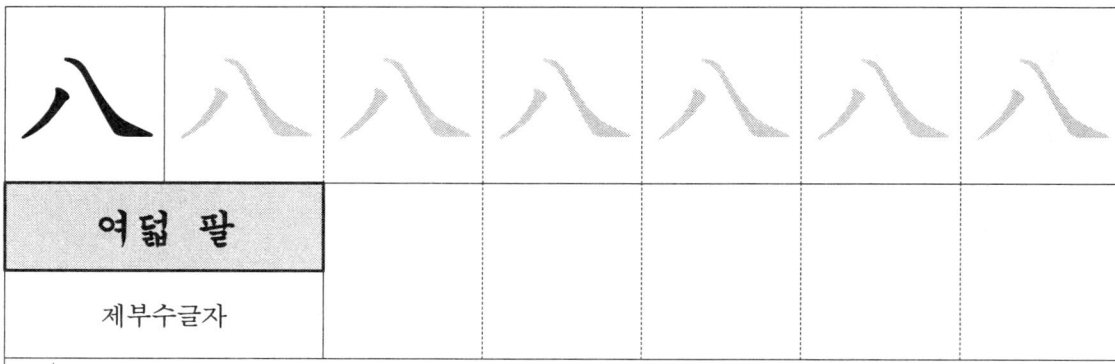

여덟 팔

제부수글자

- 八等身(팔등신) : 몸의 균형이 잘 맞는 몸매를 가르킴. 미인의 조건이기도 함

便

편할 편, 오줌 변

부수 : 人(亻)부　획수 : 7획

- 便利(편리) : 편하고 이로우며 이용하기 쉬움
- 便紙(편지) : 상대자에게 알리고자 하는 내용을 써서 보내는 글
- 小便(소변) : 오줌
- 人便(인편) : 오가는 사람의 편

平

평평할 평

부수 : 干부　획수 : 2획

- 平交(평교) : 나이가 비슷한 벗　예) 平交間(평교간)
- 平亂(평란) : 난리를 평정함
- 平凡(평범) : 뛰어난 점이 없음. 보통
- 平易(평이) : 까다롭지 않고 쉬움

下

아래 하

부수 : 一부　획수 : 2획

- 下降(하강) : 아래로 내려옴　비) 上昇(상승)
- 下等(하등) : ① 나쁜 물품　② 낮은 등급　비) 下級(하급)　예) 下等動物(하등동물)

夏

여름 하

부수 : 夂부   획수 : 7획

- 夏穀(하곡) : 보리나 밀 따위와 같이 여름에 거두는 곡식
- 夏季(하계) : 여름
- 春夏秋冬(춘하추동) : 봄 여름 가을 겨울

學

배울 학

부수 : 子부   획수 : 13획

- 學說(학설) : 학문상 주장하는 이론
- 學者(학자) : 학문에 통달하거나 학문을 연구하는 사람
- 碩學(석학) : 학식이 많은 큰 학자

韓

나라이름 한, 성 한

부수 : 韋부   획수 : 8획

- 韓國(한국) : 우리나라 대한민국
- 韓人(한인) : 한국 사람
- 韓柳李杜(한유이두) : 한 유(韓愈), 유종원(柳宗元), 이 백(李白), 두 보(杜甫). 당나라 문학자. 한유는 문장에 능했고 이두는 시에 능했다.

漢

한나라 한, 한수 한

부수 : 水(氵)부　획수 : 11획

- 漢醫(한의) : 한방(漢方) 의원(醫員)
- 漢字(한자) : 중국 고유의 문자
- 惡漢(악한) : 몹시 악독한 사나이

海

바다 해

부수 : 水(氵)부　획수 : 7획

- 海流(해류) : 일정한 방향으로 흐르는 바닷물
- 海洋(해양) : 넓은 바다. 대양(大洋)
- 海恕(해서) : 넓은 마음으로 용서함

兄

맏 형, 형 형

부수 : 儿부　획수 : 3획

- 兄弟(형제) : ① 형과 아우　② 아우를 이르는 말로 많이 쓰임　예) 兄弟姉妹(형제자매)
- 兄嫂(형수) : 형의 아내

| 火 | 火 | 火 | 火 | 火 | 火 | 火 |

불 화

제부수글자

- 火病(화병) : 울화병을 이름 (비) 火症(화증)
- 火災(화재) : 불이 나는 재앙. 불로 인한 재난 (비) 火難(화난)

| 話 | 話 | 話 | 話 | 話 | 話 | 話 |

말할 화

부수 : 言부   획수 : 6획

- 話術(화술) : 말의 재주. 말하는 기교
- 話題(화제) : ① 이야깃거리. 이야기 ② 이야기의 제목
- 對話(대화) : 서로 마주하는 이야기 (반) 獨白(독백)

| 花 | 花 | 花 | 花 | 花 | 花 | 花 |

꽃 화

부수 : 艸(艹)부   획수 : 4획

- 花園(화원) : 꽃동산
- 花燭(화촉) : ① 아름다운 양초 ② 혼인을 이르는 말 (비) 華燭(화촉)
- 開花(개화) : 꽃이 핌 (반) 落花(낙화)

活

活 活 活 活 活

살 활, 살림 활

부수 : 水(氵)부 획수 : 6획

- 活氣(활기) : 활발한 기운이나 활동적인 원기
- 活動(활동) : 어떤 일을 하려고 기운 있게 몸을 움직여 동작을 함
- 活用(활용) : 이리저리 잘 응용함. 또는 변통하여 돌려서 씀
- 活字(활자) : 인쇄에 사용하는 자형(字型)

孝

孝 孝 孝 孝 孝

효도 효

부수 : 子부 획수 : 4획

- 孝道(효도) : 부모를 잘 섬기는 도리
- 孝廬(효려) : 상제가 거처하는 곳
- 忠孝(충효) : 나라에 충성하고 부모에 효도함

後

後 後 後 後 後

뒤 후

부수 : 彳부 획수 : 6획

- 後援(후원) : 뒤에서 도와줌
- 後進(후진) : ① 후배 ② 뒤늦게 나감
- 後退(후퇴) : 전장에서 물러남

休	休	休	休	休	休	休
쉴 휴						
부수: 人(亻)부 획수: 4획						

- 休德(휴덕): 미덕(美德)
- 休暇(휴가): 일을 잠시 쉬고 휴식을 취함
  - **발전** 不眠不休(불면불휴): 자지도 않고 쉬지도 않는다는 뜻으로, 조금도 쉬지 않고 내처 애써 일함의 뜻

잠깐만

	나이	한자어
나이를 나타내는 한자어	10세	충년(沖年)
	15세	지학(志學)
	20세	약관(弱冠)
	30세	이립(而立)
	40세	불혹(不惑)
	50세	지천명(知天命)
	60세	이순(耳順)
	61세	회갑(回甲), 환갑(還甲)
	62세	진갑(進甲)
	70세	고희(古稀), 종심(從心)
	77세	희수(喜壽)
	88세	미수(米壽)
	90세	졸수(卒壽)
	91세	망백(望百)
	99세	백수(白壽)
	100세	기원지수(期願之壽)

두가지 이상의 음을 갖고 있는 한자

한 자	음과 뜻		용 례	쓰기연습		
車	수레	거	人力車(인력거)	人力車		
	수레	차	自動車(자동차)	自動車		
	성	차	車氏(차씨)	車氏		
便	오줌	변	小便(소변)	小便		
	편하다	편	郵便(우편)	郵便		
不	아니다	불	不屈(불굴)	不屈		
	아니다	부	不當(부당)	不當		
食	먹다	식	斷食(단식)	斷食		
	밥	사	簞食瓢飮(단사표음)	簞食瓢飮		
洞	고을	동	洞里(동리)	洞里		
	통하다	통	洞察(통찰)	洞察		
北	북녘	북	北進(북진)	北進		
	달아나다	배	敗北(패배)	敗北		
數	셈하다	수	數學(수학)	數學		
	자주	삭	頻數(빈삭)	頻數		
	촘촘하다	촉	數罟(촉고)	數罟		

♣ **재미있는 한자이야기 … 빈대라는 말의 유래**

음력 2월의 절기는 경칩(驚蟄)과 춘분(春分)이다. 경이란 글자는 말이 놀라는 모습이 가장 사나웠는지 말 마(馬)를 붙인 놀랄 경(驚)이고, 칩은 숨을 칩, 모일 칩(蟄)이다. 그러니 경칩은 겨울잠을 자던 동물들이 팔딱팔딱 뛰어올라 모인다는 뜻이다. 경칩에는 개구리 알을 찾아 나서기도 하였으며, 경칩에 흙일을 하면 탈이 없다고 하여 벽을 바르거나 담을 쌓기도 한다. 그러면 빈대가 없어진다는 속설도 있다. '빈대'라는 말이 나왔으니 우스운 이야기를 하면, 원래 그 놈은 우리나라에는 없었다고 한다. 중국에 사신으로 갔던 사람이 여관에서 그 놈을 처음 보았는데, 여관주인인 중국사람이 유익한 벌레라고 둘러댔다. 그 후 그 사신이 붓자루 속에다 암수 한 놈씩을 넣어 가지고 우리나라로 돌아오는 도중에 지금식으로 하면 세관에서 물품검사를 받았다. 붓자루 안에 이상한 물건이 없느냐고 하니까, 그 사신이 말하기를 '빈 대나무요, 빈 대란 말이요'라고 하였다. 그래서 그 때부터 이름이 빈대가 되었다는 이야기가 있다.

기출예상문제풀이

한자독음

1

다음 漢字語(한자어)의 讀音(독음)을 쓰세요.

① 王家 (　　　)　② 韓國 (　　　)　③ 動力 (　　　)
④ 登場 (　　　)　⑤ 校歌 (　　　)　⑥ 四寸 (　　　)
⑦ 白紙 (　　　)　⑧ 萬物 (　　　)　⑨ 教育 (　　　)
⑩ 電話 (　　　)　⑪ 西海 (　　　)　⑫ 孝女 (　　　)
⑬ 南北 (　　　)　⑭ 正直 (　　　)　⑮ 住民 (　　　)
⑯ 靑山 (　　　)　⑰ 軍旗 (　　　)　⑱ 數日 (　　　)
⑲ 便安 (　　　)　⑳ 十里 (　　　)　㉑ 天命 (　　　)
㉒ 食前 (　　　)　㉓ 左右 (　　　)　㉔ 邑村 (　　　)
㉕ 農林 (　　　)　㉖ 空氣 (　　　)　㉗ 先人 (　　　)
㉘ 每時 (　　　)　㉙ 入學 (　　　)　㉚ 自立 (　　　)
㉛ 中間 (　　　)　㉜ 後世 (　　　)

답

① 왕가(임금 왕, 집 가)　② 한국(나라 한, 나라 국)　③ 동력(움직일 동, 힘 력)　④ 등장(오를 등, 마당 장)　⑤ 교가(학교 교, 노래 가)　⑥ 사촌(넉 사, 마디 촌)　⑦ 백지(흰 백, 종이 지)　⑧ 만물(일만 만, 만물 물)　⑨ 교육(가르칠 교, 기를 육)　⑩ 전화(전기 전, 말 화)　⑪ 서해(서녘 서, 바다 해)　⑫ 효녀(효도할 효, 여자 녀)　⑬ 남북(남녘 남, 북녘 북)　⑭ 정직(바를 정, 곧을 직)　⑮ 주민(살 주, 백성 민)　⑯ 청산(푸를 청, 뫼 산)　⑰ 군기(군사 군, 기 기)　⑱ 수일(셈 수, 날 일)　⑲ 편안(편안할 편, 편안할 안)　⑳ 십리(열 십, 마을 리)　㉑ 천명(하늘 천, 목숨 명)　㉒ 식전(먹을 식, 앞 전)　㉓ 좌우(왼 좌, 오른 우)　㉔ 읍촌(고을 읍, 마을 촌)　㉕ 농림(농사 농, 수풀 림)　㉖ 공기(빌 공, 기운 기)　㉗ 선인(먼저 선, 사람 인)　㉘ 매시(매양 매, 때 시)　㉙ 입학(들 입, 배울 학)　㉚ 자립(스스로 자, 설 립)　㉛ 중간(가운데 중, 사이 간)　㉜ 후세(뒤 후, 세상 세)

2

車는 '거'라 읽기도 하고, '차'로 읽기도 합니다. 다음의 경우에는 어떤 음으로 읽는지 쓰세요.

① 車道 − ( )도

> **답**
> ① 차도(수레 차, 길 도)

3

다음 글을 읽고 밑줄 친 漢字語(한자어)나 漢字(한자)의 讀音(독음)을 쓰세요.

- ① <u>十月</u> ② <u>九日</u>은 한글날. 한글날은 세종 ③ <u>大王</u>께서 훈민정음을 펴내신 날입니다.
- 지난 ④ <u>土</u>요일은 ⑤ <u>國軍</u>의 날이었습니다. 자랑스런 ⑥ <u>軍人</u> 아저씨들이 행진했습니다.
- ⑦ <u>四寸</u> 동생이 우리집 ⑧ <u>大門</u>을 열고 들어 옵니다.
- 우리나라는 ⑨ <u>東</u>쪽과 ⑩ <u>西</u>쪽 그리고 ⑪ <u>南</u>쪽, 삼면이 바다이며 ⑫ <u>北</u>쪽은 육지와 연결되어 있습니다.
- 갑순이 : 호돌아, ⑬ <u>五</u> 곱하기 ⑭ <u>六</u>은 몇이지 ?
  호돌이 : ⑮ <u>三十</u>이지 몇이야.

① 十月 ( )　② 九日 ( )　③ 大王 ( )
④ 土　( )　⑤ 國軍 ( )　⑥ 軍人 ( )
⑦ 四寸 ( )　⑧ 大門 ( )　⑨ 東　( )
⑩ 西　( )　⑪ 南　( )　⑫ 北　( )
⑬ 五　( )　⑭ 六　( )　⑮ 三十 ( )

> **답**
> ① 십(시)월(열 십, 달 월)　② 구일(아홉 구, 날 일)　③ 대왕(큰 대, 임금 왕)　④ 토(흙 토)
> ⑤ 국군(나라 국, 군사 군)　⑥ 군인(군사 군, 사람 인)　⑦ 사촌(넉 사, 마디 촌)　⑧ 대문(큰 대, 문 문)　⑨ 동(동녘 동)　⑩ 서(서녘 서)　⑪ 남(남녘 남)　⑫ 북(북녘 북)　⑬ 오(다섯 오)
> ⑭ 육(여섯 육)　⑮ 삼십(석 삼, 열 십)

4

다음 글자들은 무슨 뜻이며 어떻게 읽을까, 보기에서 골라 그 번호를 써넣으세요.

| ㉠ 뫼 | ㉡ 물 | ㉢ 산 | ㉣ 수 | ㉤ 불 |
| ㉥ 화 | ㉦ 목 | ㉧ 나무 | ㉨ 흙 | |

① 水는 ( )이라는 뜻입니다.
② 水는 ( )라고 읽습니다.
③ 山은 ( )라는 뜻입니다.
④ 山은 ( )이라고 읽습니다.
⑤ 木은 ( )라는 뜻입니다.
⑥ 木은 ( )이라고 읽습니다.

⑦ 火는 (　　　)이라는 뜻입니다.
⑧ 火는 (　　　)라고 읽습니다.

> 답
> ① ㄴ　② ㄹ　③ ㄱ　④ ㄷ　⑤ ㅇ　⑥ ㅅ　⑦ ㅁ　⑧ ㅂ

5

다음 漢字語(한자어)의 讀音(독음)을 쓰세요.

① 家道 (　　　)　② 工場 (　　　)　③ 軍歌 (　　　)
④ 有名 (　　　)　⑤ 日記 (　　　)　⑥ 算出 (　　　)
⑦ 植物 (　　　)　⑧ 自動 (　　　)　⑨ 同數 (　　　)
⑩ 電力 (　　　)　⑪ 洞里 (　　　)　⑫ 住所 (　　　)
⑬ 文敎 (　　　)　⑭ 草木 (　　　)　⑮ 三韓 (　　　)
⑯ 漢江 (　　　)　⑰ 農心 (　　　)　⑱ 立冬 (　　　)
⑲ 千萬 (　　　)　⑳ 母國 (　　　)　㉑ 食事 (　　　)
㉒ 村民 (　　　)　㉓ 重大 (　　　)　㉔ 直前 (　　　)
㉕ 靑色 (　　　)　㉖ 小邑 (　　　)　㉗ 南海 (　　　)
㉘ 生氣 (　　　)　㉙ 空間 (　　　)　㉚ 白旗 (　　　)
㉛ 不孝 (　　　)　㉜ 生花 (　　　)

> 답
> ① 가도(집 가, 길 도)　② 공장(장인 공, 마당 장)　③ 군가(군사 군, 노래 가)　④ 유명(있을 유, 이름 명)　⑤ 일기(날 일, 기록할 기)　⑥ 산출(셈 산, 날 출)　⑦ 식물(심을 식, 만물 물)　⑧ 자동(스스로 자, 움직일 동)　⑨ 동수(같을 동, 셈 수)　⑩ 전력(전기 전, 힘 력)　⑪ 동리(마을 동, 마을 리)　⑫ 주소(살 주, 바 소)　⑬ 문교(글월 문, 가르칠 교)　⑭ 초목(풀 초, 나무 목)　⑮ 삼한(석 삼, 나라 한)　⑯ 한강(한수 한, 강 강)　⑰ 농심(농사 농, 마음 심)　⑱ 입동(설 입, 겨울 동)　⑲ 천만(일천 천, 일만 만)　⑳ 모국(어미 모, 나라 국)　㉑ 식사(먹을 식, 일 사)　㉒ 촌민(마을 촌, 백성 민)　㉓ 중대(무거울 중, 큰 대)　㉔ 직전(곧을 직, 앞 전)　㉕ 청색(푸를 청, 빛깔 색)　㉖ 소읍(작을 소, 고을 읍)　㉗ 남해(남녘 남, 바다 해)　㉘ 생기(날 생, 기운 기)　㉙ 공간(빌 공, 사이 간)　㉚ 백기(흰 백, 기 기)　㉛ 불효(아닐 불, 효도할 효)　㉜ 생화(날 생, 꽃 화)

6

다음 漢字語(한자어)의 讀音(독음)을 쓰세요.

- ①<u>十月</u> ②<u>一日</u>은 국군의 날입니다. 용감한 ③<u>軍</u>인 아저씨들이 행진합니다.
  "국군만세"
  "④<u>大韓民國</u> 만세!"
- ⑤<u>金東洙</u>는 나의 친한 친구입니다.

- 우리나라 ⑥東쪽과 ⑦西쪽 그리고 ⑧南쪽에는 바다가 있습니다. 그러나 ⑨北쪽에는 北韓이 있습니다.

① 十月   (   )   ② 一日 (   )   ③ 軍 (   )
④ 大韓民國 (   )   ⑤ 金   (   )   ⑥ 東 (   )
⑦ 西   (   )   ⑧ 南   (   )   ⑨ 北 (   )

답
① 십(시)월(열 십, 달 월) ② 일일(한 일, 날 일) ③ 군(군사 군) ④ 대한민국(큰 대, 나라 한, 백성 민, 나라 국) ⑤ 김(성 김) ⑥ 동(동녘 동) ⑦ 서(서녘 서) ⑧ 남(남녘 남) ⑨ 북(북녘 북)

7

다음 한자들은 무슨 뜻이며 어떻게 읽을까요. 보기에서 골라 그 번호를 쓰세요.

| ㉠ 아버지 | ㉡ 어머니 | ㉢ 흙 | ㉣ 배운다 |
| ㉤ 학 | ㉥ 부 | ㉦ 모 | ㉧ 토 |

① 學은 (   )의 뜻입니다.
② 父는 (   )의 뜻입니다.
③ 母는 (   )의 뜻입니다.
④ 土는 (   )의 뜻입니다.
⑤ 學은 (   )이라고 읽습니다.
⑥ 父는 (   )라고 읽습니다.
⑦ 母는 (   )라고 읽습니다.
⑧ 土는 (   )라고 읽다.

답
① ㉣ ② ㉠ ③ ㉡ ④ ㉢ ⑤ ㉤ ⑥ ㉥ ⑦ ㉦ ⑧ ㉧

8

다음 漢字語(한자어)의 讀音(독음)을 쓰세요.

① 江山 (   )   ② 洞口 (   )   ③ 邑內 (   )
④ 天然 (   )   ⑤ 孝心 (   )   ⑥ 生活 (   )
⑦ 全軍 (   )   ⑧ 老母 (   )   ⑨ 下午 (   )
⑩ 七夕 (   )   ⑪ 主動 (   )   ⑫ 手記 (   )

⑬ 休日　(　　　)　　⑭ 場所　(　　　)　　⑮ 王道　(　　　)
⑯ 數學　(　　　)　　⑰ 家門　(　　　)　　⑱ 國旗　(　　　)
⑲ 植民地(　　　)　　⑳ 自足　(　　　)　　㉑ 紙面　(　　　)
㉒ 名答　(　　　)　　㉓ 登校　(　　　)　　㉔ 四方　(　　　)
㉕ 安住　(　　　)　　㉖ 外來語(　　　)　　㉗ 世上　(　　　)
㉘ 兄弟　(　　　)　　㉙ 農夫　(　　　)　　㉚ 先祖　(　　　)
㉛ 人便　(　　　)　　㉜ 敎育　(　　　)

답

① 강산(강 강, 뫼 산) ② 동구(마을 동, 입 구) ③ 읍내(고을 읍, 안 내) ④ 천연(하늘 천, 그럴 연) ⑤ 효심(효도할 효, 마음 심) ⑥ 생활(날 생, 살 활) ⑦ 전군(온전할 전, 군사 군) ⑧ 노모(늙을 로(노), 어미 모) ⑨ 하오(아래 하, 정오 오) ⑩ 칠석(일곱 칠, 저녁 석) ⑪ 주동(주인 주, 움직일 동) ⑫ 수기(손 수, 기록할 기) ⑬ 휴일(쉴 휴, 날 일) ⑭ 장소(마당 장, 바 소) ⑮ 왕도(임금 왕, 길 도) ⑯ 수학(셈 수, 배울 학) ⑰ 가문(집 가, 문 문) ⑱ 국기(나라 국, 기 기) ⑲ 식민지(심을 식, 백성 민, 땅 지) ⑳ 자족(스스로 자, 발 족) ㉑ 지면(종이 지, 낯 면) ㉒ 명답(이름 명, 대답할 답) ㉓ 등교(오를 등, 학교 교) ㉔ 사방(녁 사, 모 방) ㉕ 안주(편안할 안, 살 주) ㉖ 외래어(바깥 외, 올 래, 말씀 어) ㉗ 세상(세상 세, 위 상) ㉘ 형제(맏 형, 아우 제) ㉙ 농부(농사 농, 지아비 부) ㉚ 선조(먼저 선, 할아버지 조) ㉛ 인편(사람 인, 편안할 편) ㉜ 교육(가르칠 교, 기를 육)

9

다음 漢字語(한자어)의 讀音(독음)을 쓰세요.

- ① 一주일은 ② 七일입니다.
- ③ 日요일, ④ 月요일, ⑤ 火요일, ⑥ 水요일, ⑦ 木요일, ⑧ 金요일, ⑨ 土요일이 있습니다.
- 할아버지께서는 日요일마다 ⑩ 山에 가십니다.
- 오래간만에 ⑪ 學校에 왔습니다. ⑫ 敎室에서 동무들을 다시 만났습니다.
- ⑬ 先生님께서는 ⑭ 北韓에도 우리 ⑮ 兄弟가 많이 살고 있다고 말씀하셨습니다.

① 一　(　　　)　　② 七　(　　　)　　③ 日　(　　　)
④ 月　(　　　)　　⑤ 火　(　　　)　　⑥ 水　(　　　)
⑦ 木　(　　　)　　⑧ 金　(　　　)　　⑨ 土　(　　　)
⑩ 山　(　　　)　　⑪ 學校(　　　)　　⑫ 敎室(　　　)
⑬ 先生(　　　)　　⑭ 北韓(　　　)　　⑮ 兄弟(　　　)

답

① 일(한 일) ② 칠(일곱 칠) ③ 일(날 일) ④ 월(달 월) ⑤ 화(불 화) ⑥ 수(물 수) ⑦ 목(나무 목) ⑧ 금(쇠 금) ⑨ 토(흙 토) ⑩ 산(뫼 산) ⑪ 학교(배울 학, 학교 교) ⑫ 교실(가르칠 교, 집 실) ⑬ 선생(먼저 선, 날 생) ⑭ 북한(북녘 북, 나라 한) ⑮ 형제(맏 형, 아우 제)

10

다음 한자들은 무슨 뜻이며 어떻게 읽을까요. 보기에서 골라 그 번호를 빈칸에 써넣으세요.

| ㉠ 모 | ㉡ 백성 | ㉢ 아버지 | ㉣ 어머니 | ㉤ 민 | ㉥ 부 |
| ㉦ 셋 | ㉧ 다섯 | ㉨ 삼 | ㉩ 오 | ㉪ 넷 | ㉫ 사 |

① 母는 (　　　)라는 뜻입니다.
② 母는 (　　　)라고 읽습니다.
③ 民은 (　　　)이라는 뜻입니다.
④ 民은 (　　　)이라고 읽습니다.
⑤ 三은 (　　　)을 나타내는 글자입니다.
⑥ 三은 (　　　)이라고 읽습니다.
⑦ 五는 (　　　)을 나타내는 글자입니다.
⑧ 五는 (　　　)라고 읽습니다.

답 ① ㉣　② ㉠　③ ㉡　④ ㉤　⑤ ㉦　⑥ ㉨　⑦ ㉧　⑧ ㉩

11

다음 밑줄 친 漢字語(한자어)의 音(음)을 쓰세요.

| 每日 → 매일 |

• 내가 듣고 싶은 것은 한 ① <u>少女</u>의 소식이었습니다. (　　　)
• 옛날 옛적에, ② <u>百姓</u>을 무척 사랑하는 임금님이 있었습니다. (　　　)
• 바람은 ③ <u>四方</u>의 소식을 잘도 전해 줍니다. (　　　)
• ④ <u>場面</u>을 상상하며 동시를 읽어봅니다. (　　　)
• 4월 5일은 ⑤ <u>植木日</u>입니다. (　　　)
• ⑥ <u>敎室</u>을 출발하여 한 ⑦ <u>時間</u>쯤 걸었습니다. (　　　)
• 미안하다고 ⑧ <u>電話</u>를 할까? (　　　)
• 내 ⑨ <u>便紙</u>를 ⑩ <u>外家</u> ⑪ <u>食口</u>들이 돌려 가며 읽었다고 합니다. (　　　)
• 글을 읽고, ⑫ <u>中心</u>내용을 알아봅시다. (　　　)
• 소영이는 사촌 ⑬ <u>同生</u>들에게 그림을 그려 주기로 약속하였습니다. (　　　)
• 산 넘고 물 건너 ⑭ <u>數千</u>⑮ <u>里</u>를 걷고 또 걸었습니다. (　　　)
• 아버지는 회사에서 ⑯ <u>人氣</u>가 대단하신 것 같습니다. (　　　)
• 우리들은 물과 함께 ⑰ <u>水草</u>도 뽑아 넣었습니다. (　　　)
• 마을 사람들은 아버지를 ⑱ <u>孝子</u>라고 불렀다고 합니다. (　　　)

답
① 소녀(적을·젊을 소, 여자 녀) ② 백성(일백 백, 성씨 성) ③ 사방(넉 사, 모 방) ④ 장면(마당 장, 낯 면) ⑤ 식목일(심을 식, 나무 목, 날 일) ⑥ 교실(가르칠 교, 집 실) ⑦ 시간(때 시, 사이 간) ⑧ 전화(전기 전, 말 화) ⑨ 편지(편안할 편, 종이 지) ⑩ 외가(바깥 외, 집 가) ⑪ 식구(먹을 식, 입 구) ⑫ 중심(가운데 중, 마음 심) ⑬ 동생(같을 동, 날 생) ⑭ 수천(셈 수, 일천 천) ⑮ 리(마을 리) ⑯ 인기(사람 인, 기운 기) ⑰ 수초(물 수, 풀 초) ⑱ 효자(효도할 효, 아들 자)

13

다음 漢字(한자)의 音(음)을 쓰세요.

- 해가 뜨는 쪽이 ①東쪽이고 해가 지는 쪽은 ②西쪽입니다. 동쪽을 향하여 두 팔을 벌리면 오른손 편이 ③南쪽이고 왼손 편이 ④北쪽입니다.
- 오랜만에 ⑤學校 ⑥教室에 와서 동무들을 다시 만났습니다.
- 나는 어제 ⑦父母님을 따라 큰 댁에 가서 ⑧四寸 ⑨兄弟들을 만나 보았습니다.
- ⑩靑軍이 아슬아슬하게 이겼습니다.

① 東 (　　　)   ② 西 (　　　)   ③ 南 (　　　)
④ 北 (　　　)   ⑤ 學校 (　　　) ⑥ 教室 (　　　)
⑦ 父母 (　　　) ⑧ 四寸 (　　　) ⑨ 兄弟 (　　　)
⑩ 靑軍 (　　　)

답
① 동(동녘 동) ② 서(서녘 서) ③ 남(남녘 남) ④ 북(북녘 북) ⑤ 학교(배울 학, 학교 교) ⑥ 교실(가르칠 교, 집 실) ⑦ 부모(아비 부, 어미 모) ⑧ 사촌(넉 사, 마디 촌) ⑨ 형제(맏 형, 아우 제) ⑩ 청군(푸를 청, 군사 군)

13

다음 漢字語(한자어)의 讀音(독음)을 쓰세요.

① 敎室 (　　　)   ② 問答 (　　　)   ③ 江村 (　　　)
④ 東海 (　　　)   ⑤ 日記 (　　　)   ⑥ 內外 (　　　)
⑦ 男女 (　　　)   ⑧ 三寸 (　　　)   ⑨ 生命 (　　　)
⑩ 孝道 (　　　)   ⑪ 國軍 (　　　)   ⑫ 午前 (　　　)
⑬ 大門 (　　　)   ⑭ 植木 (　　　)   ⑮ 農事 (　　　)
⑯ 來年 (　　　)   ⑰ 面長 (　　　)   ⑱ 秋夕 (　　　)
⑲ 四方 (　　　)   ⑳ 電氣 (　　　)   ㉑ 工場 (　　　)
㉒ 全力 (　　　)   ㉓ 平安 (　　　)   ㉔ 花草 (　　　)
㉕ 學校 (　　　)   ㉖ 動物 (　　　)   ㉗ 主食 (　　　)

㉘ 左右 (   )　　㉙ 下車 (   )　　㉚ 空中 (   )

> **답**
> ① 교실(가르칠 교, 집 실) ② 문답(물을 문, 대답할 답) ③ 강촌(강 강, 마을 촌) ④ 동해(동녘 동, 바다 해) ⑤ 일기(날 일, 기록할 기) ⑥ 내외(안 내, 바깥 외) ⑦ 남녀(사내 남, 여자 녀) ⑧ 삼촌(석 삼, 마디 촌) ⑨ 생명(날 생, 목숨 명) ⑩ 효도(효도할 효, 길 도) ⑪ 국군(나라 국, 군사 군) ⑫ 오전(정오 오, 앞 전) ⑬ 대문(큰 대, 문 문) ⑭ 식목(심을 식, 나무 목) ⑮ 농사(농사 농, 일 사) ⑯ 내년(올 래, 해 년) ⑰ 면장(낯 면, 긴 장) ⑱ 추석(가을 추, 저녁 석) ⑲ 사방(넉 사, 모 방) ⑳ 전기(전기 전, 기운 기) ㉑ 공장(장인 공, 마당 장) ㉒ 전력(온전할 전, 힘 력) ㉓ 평안(평평할 평, 편안할 안) ㉔ 화초(꽃 화, 풀 초) ㉕ 학교(배울 학, 학교 교) ㉖ 동물(움직일 동, 만물 물) ㉗ 주식(주인 주, 먹을 식) ㉘ 좌우(왼 좌, 오른 우) ㉙ 하차(아래 하, 수레 차) ㉚ 공중(빌 공, 가운데 중)

14

다음 漢字語(한자어)의 音(음)을 쓰세요.

- "어머니 ① 學校에 다녀오겠습니다."　　　　　　　　　　　(   )
- "② 先生님 안녕하세요?"　　　　　　　　　　　　　　　　(   )
- 추석은 ③ 一年에 한 번씩 돌아옵니다.　　　　　　　　　　(   )
- ④ 四寸 동생　　　　　　　　　　　　　　　　　　　　　(   )
- 우리집 ⑤ 大門 앞　　　　　　　　　　　　　　　　　　(   )
- 우리나라 이름은 ⑥ 大韓民國입니다.　　　　　　　　　　(   )
- 깨끗한 우리 ⑦ 敎室　　　　　　　　　　　　　　　　　(   )
- 우리나라 지키는 ⑧ 國軍이 될테야.　　　　　　　　　　(   )
- ⑨ 兄弟끼리 사이좋게 지냅니다.　　　　　　　　　　　　(   )
- ⑩ 父母님과 함께 큰댁에 다녀왔다.　　　　　　　　　　(   )
- ⑪ 金九 先生　　　　　　　　　　　　　　　　　　　　(   )
- ⑫ 南山 위에 저 소나무　　　　　　　　　　　　　　　(   )
- 男學生은 ⑬ 女學生보다 몇 명 더 많습니까?　　　　　　(   )
- 즐거운 ⑭ 五月　　　　　　　　　　　　　　　　　　　(   )
- 천년 ⑮ 萬年 살고 지고　　　　　　　　　　　　　　　(   )
- ⑯ 四十八 ⑰ 三十七　　　　　　　　　　　　　　　　(   )
- ⑱ 東西南北 世宗 ⑲ 大王　　　　　　　　　　　　　　(   )
- 一주일은 ⑳ 七日입니다.　　　　　　　　　　　　　　(   )
- ㉑ 火요일　　　　　　　　　　　　　　　　　　　　　(   )
- ㉒ 水요일　　　　　　　　　　　　　　　　　　　　　(   )
- ㉓ 木요일　　　　　　　　　　　　　　　　　　　　　(   )
- ㉔ 金요일　　　　　　　　　　　　　　　　　　　　　(   )
- ㉕ 土요일　　　　　　　　　　　　　　　　　　　　　(   )

답

① 학교(배울 학, 학교 교) ② 선생(먼저 선, 날 생) ③ 일년(한 일, 해 년) ④ 사촌(넉 사, 마디 촌) ⑤ 대문(큰 대, 문 문) ⑥ 대한민국(큰 대, 나라 한, 백성 민, 나라 국) ⑦ 교실(가르칠 교, 집 실) ⑧ 국군(나라 국, 군사 군) ⑨ 형제(맏 형, 아우 제) ⑩ 부모(아비 부, 어미 모) ⑪ 김구(성 김, 아홉 구) ⑫ 남산(남녘 남, 뫼 산) ⑬ 여학생(여자 여, 배울 학, 날 생) ⑭ 오월(다섯 오, 달 월) ⑮ 만년(일만 만, 해 년) ⑯ 사십팔(넉 사, 열 십, 여덟 팔) ⑰ 삼십칠(석 삼, 열 십, 일곱 칠) ⑱ 동서남북(동녘 동, 서녘 서, 남녘 남, 북녘 북) ⑲ 대왕(큰 대, 임금 왕) ⑳ 칠일(일곱 칠, 날 일) ㉑ 화(불 화) ㉒ 수(물 수) ㉓ 목(나무 목) ㉔ 금(쇠 금) ㉕ 토(흙 토)

15

다음 漢字語(한자어)의 讀音(독음)을 쓰세요.

① 學校 (　　)　② 敎室 (　　)　③ 活動 (　　)
④ 空中 (　　)　⑤ 日記 (　　)　⑥ 農事 (　　)
⑦ 男女 (　　)　⑧ 問答 (　　)　⑨ 生命 (　　)
⑩ 孝道 (　　)　⑪ 南海 (　　)　⑫ 兄弟 (　　)
⑬ 登山 (　　)　⑭ 植木 (　　)　⑮ 老人 (　　)
⑯ 萬年 (　　)　⑰ 面長 (　　)　⑱ 安心 (　　)
⑲ 左右 (　　)　⑳ 電氣 (　　)　㉑ 工場 (　　)
㉒ 不正 (　　)　㉓ 江村 (　　)　㉔ 花草 (　　)

답

① 학교(배울 학, 학교 교) ② 교실(가르칠 교, 집 실) ③ 활동(살 활, 움직일 동) ④ 공중(빌 공, 가운데 중) ⑤ 일기(날 일, 기록할 기) ⑥ 농사(농사 농, 일 사) ⑦ 남녀(사내 남, 여자 녀) ⑧ 문답(물을 문, 대답할 답) ⑨ 생명(날 생, 목숨 명) ⑩ 효도(효도할 효, 길 도) ⑪ 남해(남녘 남, 바다 해) ⑫ 형제(맏 형, 아우 제) ⑬ 등산(오를 등, 뫼 산) ⑭ 식목(심을 식, 나무 목) ⑮ 노인(늙을 노, 사람 인) ⑯ 만년(일만 만, 해 년) ⑰ 면장(낯 면, 긴 장) ⑱ 안심(편안할 안, 마음 심) ⑲ 좌우(왼 좌, 오른 우) ⑳ 전기(전기 전, 기운 기) ㉑ 공장(장인 공, 마당 장) ㉒ 부정(아닐 부, 바를 정) ㉓ 강촌(강 강, 마을 촌) ㉔ 화초(꽃 화, 풀 초)

16

'不'자는 경우에 따라 '불'과 '부'의 두 가지로 읽습니다. 다음의 경우는 각각 어떻게 읽어야 할까요, 바른 음(音)을 쓰세요.

① 不正 (　　　)　　　　　　② 不安 (　　　)

답

① 부정(아닐 부, 바를 정) ② 불안(아닐 불, 편안할 안)

17

다음 문장의 밑줄 친 漢字語(한자어)의 讀音(독음)을 쓰세요.

> 오늘은 ①<u>漢字</u> 급수 시험날입니다. 지난 일요일 아버지와 함께 ②<u>登山</u>을 갔습니다. 할아버지를 ③<u>祖父</u>라고도 합니다. 우리나라의 이름은 ④<u>大韓民國</u>입니다. 우리나라를 나타내는 ⑤<u>國旗</u>는 태극기입니다. 우리나라를 나타내는 ⑥<u>國花</u>는 무궁화입니다. 우리나라의 기후는 ⑦<u>春夏秋冬</u>이 뚜렷한 온대 기후입니다. 여름 ⑧<u>放學</u>이 끝나고 개학하는 날입니다. 숙제로 한 것을 ⑨<u>敎室</u>에 전시하였습니다. ⑩<u>學校</u>를 마치고 집으로 오는 길에 아주머니를 만나서 ⑪<u>人事</u>를 하였습니다. 오늘은 ⑫<u>運動會</u>날입니다. 하늘에는 ⑬<u>萬國旗</u>가 펄럭입니다. ⑭<u>秋夕</u>이 돌아옵니다. 삼일절이나 개천절은 국경일이고, 추석이나 한식은 명절입니다. 추석에는 ⑮<u>祖上</u>에게 차례를 지냅니다. 음악회에서 ⑯<u>歌手</u>들이 나와 노래를 불렀습니다. 자연 ⑰<u>時間</u>에 발표를 잘하여 칭찬을 받았습니다. 사람들은 ⑱<u>山村</u>, ⑲<u>農村</u>, 어촌, 도시에서 살아갑니다. ⑳<u>工事場</u>에는 기술자들이 일을 하고 도로는 ㉑<u>自動車</u>들이 많이 다녀 거리가 매우 복잡하였습니다. 식물원에는 ㉒<u>花草</u>가 많이 있습니다. ㉓<u>靑年</u>은 멀리 여행을 떠나게 되었습니다. ㉔<u>下人</u>이 따라 갔습니다. 부지런히 ㉕<u>工夫</u>하였습니다. 나중에 훌륭한 학자가 되었습니다. 벼슬에서 물러난 ㉖<u>先生</u>님은 고향으로 돌아가 ㉗<u>學校</u>를 세우고 ㉘<u>弟子</u>들을 가르치셨습니다.

① 漢字 (　　　)　② 登山 (　　　)　③ 祖父 (　　　)
④ 大韓民國 (　　　)　⑤ 國旗 (　　　)　⑥ 國花 (　　　)
⑦ 春夏秋冬 (　　　)　⑧ 放學 (　　　)　⑨ 敎室 (　　　)
⑩ 學校 (　　　)　⑪ 人事 (　　　)　⑫ 運動會 (　　　)
⑬ 萬國旗 (　　　)　⑭ 秋夕 (　　　)　⑮ 祖上 (　　　)
⑯ 歌手 (　　　)　⑰ 時間 (　　　)　⑱ 山村 (　　　)
⑲ 農村 (　　　)　⑳ 工事場 (　　　)　㉑ 自動車 (　　　)
㉒ 花草 (　　　)　㉓ 靑年 (　　　)　㉔ 下人 (　　　)
㉕ 工夫 (　　　)　㉖ 先生 (　　　)　㉗ 學校 (　　　)
㉘ 弟子 (　　　)

답

① 한자(한수 한, 글자 자)　② 등산(오를 등, 뫼 산)　③ 조부(할아버지 조, 아비 부)　④ 대한민국(큰 대, 나라 한, 백성 민, 나라 국)　⑤ 국기(나라 국, 기 기)　⑥ 국화(나라 국, 꽃 화)　⑦ 춘하추동(봄 춘, 여름 하, 가을 추, 겨울 동)　⑧ 방학(놓을 방, 배울 학)　⑨ 교실(가르칠 교, 집 실)　⑩ 학교(배울 학, 학교 교)　⑪ 인사(사람 인, 일 사)　⑫ 운동회(옮길 운, 움직일 동, 모일 회)　⑬ 만국기(일만 만, 나라 국, 기 기)　⑭ 추석(가을 추, 저녁 석)　⑮ 조상(할아버지 조, 위 상)　⑯ 가수(노래 가, 손 수)　⑰ 시간(때 시, 사이 간)　⑱ 산촌(뫼 산, 마을 촌)　⑲ 농촌(농사 농, 마을 촌)　⑳ 공사장(장인 공, 일 사, 마당 장)　㉑ 자동차(스스로 자, 움직일 동, 수레 차)　㉒ 화초(꽃 화, 풀 초)　㉓ 청년(푸를 청, 해 년)　㉔ 하인(아래 하, 사람 인)　㉕ 공부(장인 공, 지아비 부)　㉖ 선생(먼저 선, 날 생)　㉗ 학교(배울 학, 학교 교)　㉘ 제자(아우 제, 아들 자)

18

다음 漢字語(한자어)의 讀音(독음)을 쓰세요.

① 時間 (　　　)　② 人事 (　　　)　③ 住所 (　　　)
④ 人道 (　　　)　⑤ 車道 (　　　)　⑥ 農村 (　　　)
⑦ 生活 (　　　)　⑧ 放學 (　　　)　⑨ 方道 (　　　)
⑩ 空氣 (　　　)　⑪ 正門 (　　　)　⑫ 世上 (　　　)
⑬ 平平 (　　　)　⑭ 萬國旗 (　　　)　⑮ 世人 (　　　)
⑯ 邑長 (　　　)　⑰ 人物 (　　　)　⑱ 國民 (　　　)
⑲ 國語 (　　　)　⑳ 每日 (　　　)　㉑ 大中小 (　　　)
㉒ 住民 (　　　)　㉓ 算數 (　　　)　㉔ 行動 (　　　)
㉕ 國歌 (　　　)　㉖ 生年 (　　　)　㉗ 化學 (　　　)
㉘ 大韓民國 (　　　)

답

① 시간(때 시, 사이 간)　② 인사(사람 인, 일 사)　③ 주소(살 주, 바 소)　④ 인도(사람 인, 길 도)　⑤ 차도(수레 차, 길 도)　⑥ 농촌(농사 농, 마을 촌)　⑦ 생활(날 생, 살 활)　⑧ 방학(놓을 방, 배울 학)　⑨ 방도(모 방, 길 도)　⑩ 공기(빌 공, 기운 기)　⑪ 정문(바를 정, 문 문)　⑫ 세상(세상 세, 위 상)　⑬ 평평(평평할 평, 평평할 평)　⑭ 만국기(일만 만, 나라 국, 기 기)　⑮ 세인(세상 세, 사람 인)　⑯ 읍장(고을 읍, 긴 장)　⑰ 인물(사람 인, 만물 물)　⑱ 국민(나라 국, 백성 민)　⑲ 국어(나라 국, 말씀 어)　⑳ 매일(매양 매, 날 일)　㉑ 대중소(큰 대, 가운데 중, 작을 소)　㉒ 주민(살 주, 백성 민)　㉓ 산수(셀 산, 셈 수)　㉔ 행동(갈 행, 움직일 동)　㉕ 국가(나라 국, 노래 가)　㉖ 생년(날 생, 해 년)　㉗ 화학(될 화, 배울 학)　㉘ 대한민국(큰 대, 나라 한, 백성 민, 나라 국)

19

다음 漢字語(한자어)의 讀音(독음)을 쓰세요.

① 中學校 (　　　)　② 大學校 (　　　)　③ 不安 (　　　)
④ 大學 (　　　)　⑤ 自手 (　　　)　⑥ 兄弟 (　　　)
⑦ 靑山 (　　　)　⑧ 母國 (　　　)　⑨ 父母 (　　　)
⑩ 母校 (　　　)　⑪ 來日 (　　　)　⑫ 食口 (　　　)
⑬ 山村 (　　　)　⑭ 自然 (　　　)　⑮ 秋夕 (　　　)
⑯ 場面 (　　　)　⑰ 時間 (　　　)　⑱ 市場 (　　　)
⑲ 市長 (　　　)　⑳ 下午 (　　　)　㉑ 午前 (　　　)
㉒ 午後 (　　　)　㉓ 內外 (　　　)　㉔ 山水 (　　　)
㉕ 算數 (　　　)

답

① 중학교(가운데 중, 배울 학, 학교 교)　② 대학교(큰 대, 배울 학, 학교 교)　③ 불안(아닐

불, 편안할 안) ④ 대학(큰 대, 배울 학) ⑤ 자수(스스로 자, 손 수) ⑥ 형제(맏 형, 아우 제) ⑦ 청산(푸를 청, 뫼 산) ⑧ 모국(어미 모, 나라 국) ⑨ 부모(아비 부, 어미 모) ⑩ 모교(어미 모, 학교 교) ⑪ 내일(올 래, 날 일) ⑫ 식구(먹을 식, 입 구) ⑬ 산촌(뫼 산, 마을 촌) ⑭ 자연(스스로 자, 그럴 연) ⑮ 추석(가을 추, 저녁 석) ⑯ 장면(마당 장, 낯 면) ⑰ 시간(때 시, 사이 간) ⑱ 시장(저자 시, 마당 장) ⑲ 시장(저자 시, 긴 장) ⑳ 하오(아래 하, 정오 오) ㉑ 오전(정오 오, 앞 전) ㉒ 오후(정오 오, 뒤 후) ㉓ 내외(안 내, 바깥 외) ㉔ 산수(뫼 산, 물 수) ㉕ 산수(셀 산, 셈 수)

20

다음 漢字語(한자어)의 讀音(독음)을 쓰세요.

① 正午 (　　　)　② 農土 (　　　)　③ 農事 (　　　)
④ 洞里 (　　　)　⑤ 工場 (　　　)　⑥ 人氣 (　　　)
⑦ 王室 (　　　)　⑧ 靑春 (　　　)　⑨ 食事 (　　　)
⑩ 手足 (　　　)　⑪ 正答 (　　　)　⑫ 不平 (　　　)
⑬ 前後 (　　　)　⑭ 紙面 (　　　)　⑮ 中間 (　　　)
⑯ 手話 (　　　)　⑰ 左右 (　　　)　⑱ 下校 (　　　)
⑲ 東海 (　　　)　⑳ 萬物 (　　　)　㉑ 人道 (　　　)
㉒ 花草 (　　　)　㉓ 北韓 (　　　)　㉔ 南韓 (　　　)
㉕ 不便 (　　　)　㉖ 工夫 (　　　)　㉗ 內色 (　　　)
㉘ 全國 (　　　)　㉙ 正直 (　　　)　㉚ 電氣 (　　　)
㉛ 祖父 (　　　)

답

① 정오(바를 정, 정오 오) ② 농토(농사 농, 흙 토) ③ 농사(농사 농, 일 사) ④ 동리(마을 동, 마을 리) ⑤ 공장(장인 공, 마당 장) ⑥ 인기(사람 인, 기운 기) ⑦ 왕실(임금 왕, 집 실) ⑧ 청춘(푸를 청, 봄 춘) ⑨ 식사(먹을 식, 일 사) ⑩ 수족(손 수, 발 족) ⑪ 정답(바를 정, 대답할 답) ⑫ 불평(아닐 불, 평평할 평) ⑬ 전후(앞 전, 뒤 후) ⑭ 지면(종이 지, 낯 면) ⑮ 중간(가운데 중, 사이 간) ⑯ 수화(손 수, 말 화) ⑰ 좌우(왼 좌, 오른 우) ⑱ 하교(아래 하, 학교 교) ⑲ 동해(동녘 동, 바다 해) ⑳ 만물(일만 만, 만물 물) ㉑ 인도(사람 인, 길 도) ㉒ 화초(꽃 화, 풀 초) ㉓ 북한(북녘 북, 나라 한) ㉔ 남한(남녘 남, 나라 한) ㉕ 불편(아닐 불, 편안할 편) ㉖ 공부(장인 공, 지아비 부) ㉗ 내색(안 내, 빛깔 색) ㉘ 전국(온전할 전, 나라 국) ㉙ 정직(바를 정, 곧을 직) ㉚ 전기(전기 전, 기운 기) ㉛ 조부(할아버지 조, 아비 부)

21

다음 漢字語(한자어)의 讀音(독음)을 쓰세요.

① 祖母 (　　　)　② 少年 (　　　)　③ 正面 (　　　)
④ 每年 (　　　)　⑤ 後面 (　　　)　⑥ 不足 (　　　)
⑦ 先後 (　　　)　⑧ 東方 (　　　)　⑨ 登校 (　　　)

⑩ 出生 （　　　）　⑪ 男子 （　　　）　⑫ 天地 （　　　）
⑬ 長男 （　　　）　⑭ 老人 （　　　）　⑮ 後方 （　　　）
⑯ 天下 （　　　）　⑰ 每時 （　　　）　⑱ 生活 （　　　）
⑲ 日出 （　　　）　⑳ 下水道 （　　　）　㉑ 文學 （　　　）
㉒ 少數 （　　　）　㉓ 生水 （　　　）　㉔ 人名 （　　　）
㉕ 安心 （　　　）　㉖ 間食 （　　　）　㉗ 立秋 （　　　）
㉘ 草家 （　　　）　㉙ 立夏 （　　　）　㉚ 歌手 （　　　）
㉛ 中立 （　　　）

답

① 조모(할아버지 조, 어미 모) ② 소년(적을 소, 해 년) ③ 정면(바를 정, 낯 면) ④ 매년(매양 매, 해 년) ⑤ 후면(뒤 후, 낯 면) ⑥ 부족(아닐 부, 발 족) ⑦ 선후(먼저 선, 뒤 후) ⑧ 동방(동녘 동, 모 방) ⑨ 등교(오를 등, 학교 교) ⑩ 출생(날 출, 날 생) ⑪ 남자(사내 남, 아들 자) ⑫ 천지(하늘 천, 땅 지) ⑬ 장남(길 장, 사내 남) ⑭ 노인(늙을 노, 사람 인) ⑮ 후방(뒤 후, 모 방) ⑯ 천하(하늘 천, 아래 하) ⑰ 매시(매양 매, 때 시) ⑱ 생활(날 생, 살 활) ⑲ 일출(날 일, 날 출) ⑳ 하수도(아래 하, 물 수, 길 도) ㉑ 문학(글월 문, 배울 학) ㉒ 소수(적을 소, 셈 수) ㉓ 생수(날 생, 물 수) ㉔ 인명(사람 인, 이름 명) ㉕ 안심(편안할 안, 마음 심) ㉖ 간식(사이 간, 먹을 식) ㉗ 입추(설 립, 가을 추) ㉘ 초가(풀 초, 집 가) ㉙ 입하(설 립, 여름 하) ㉚ 가수(노래 가, 손 수) ㉛ 중립(가운데 중, 설 립)

22

다음 漢字語(한자어)의 讀音(독음)을 쓰세요.

① 自立 （　　　）　② 有名 （　　　）　③ 十中八九 （　　　）
④ 家長 （　　　）　⑤ 生日 （　　　）　⑥ 生長 （　　　）
⑦ 水上 （　　　）　⑧ 子女 （　　　）　⑨ 八道江山 （　　　）
⑩ 安定 （　　　）　⑪ 學文 （　　　）　⑫ 學問 （　　　）
⑬ 子孫 （　　　）　⑭ 面長 （　　　）　⑮ 日記 （　　　）
⑯ 西海 （　　　）　⑰ 老少 （　　　）　⑱ 六月 （　　　）
⑲ 休紙 （　　　）　⑳ 韓國語 （　　　）　㉑ 敎育 （　　　）
㉒ 市民 （　　　）　㉓ 住民 （　　　）　㉔ 二重 （　　　）
㉕ 上下 （　　　）　㉖ 路上 （　　　）　㉗ 休日 （　　　）
㉘ 電話 （　　　）　㉙ 祖上 （　　　）　㉚ 地下 （　　　）
㉛ 漢字 （　　　）　㉜ 午前 （　　　）

답

① 자립(스스로 자, 설 립) ② 유명(있을 유, 이름 명) ③ 십중팔구(열 십, 가운데 중, 여덟 팔, 아홉 구) ④ 가장(집 가, 어른 장) ⑤ 생일(날 생, 날 일) ⑥ 생장(날 생, 긴 장) ⑦ 수상(물 수, 위 상) ⑧ 자녀(아들 자, 여자 녀) ⑨ 팔도강산(여덟 팔, 길 도, 강 강, 뫼 산) ⑩ 안정(편안할 안, 안전할 정) ⑪ 학문(배울 학, 글월 문) ⑫ 학문(배울 학, 물을 문) ⑬ 자손(아들 자, 손자 손) ⑭ 면장(낯 면, 긴 장) ⑮ 일기(날 일, 기록할 기) ⑯ 서해(서녘 서, 바

다 해) ⑰ 노소(늙을 노, 적을 소) ⑱ 육(유)월(여섯 육, 달 월) ⑲ 휴지(쉴 휴, 종이 지) ⑳ 한국어(나라 한, 나라 국, 말씀 어) ㉑ 교육(가르칠 교, 기를 육) ㉒ 시민(저자 시, 백성 민) ㉓ 주민(살 주, 백성 민) ㉔ 이중(두 이, 무거울 중) ㉕ 상하(위 상, 아래 하) ㉖ 노상(길 노, 위 상) ㉗ 휴일(쉴 휴, 날 일) ㉘ 전화(전기 전, 말 화) ㉙ 조상(할아버지 조, 위 상) ㉚ 지하(땅 지, 아래 하) ㉛ 한자(한수 한, 글자 자) ㉜ 오전(정오 오, 앞 전)

23

다음 漢字語(한자어)의 讀音(독음)을 쓰세요.

① 孝子   (   )   ② 左右   (   )   ③ 千字文 (   )
④ 登山   (   )   ⑤ 春夏秋冬 (   )   ⑥ 植木日 (   )
⑦ 自動車 (   )   ⑧ 便紙   (   )   ⑨ 植物   (   )
⑩ 農夫   (   )   ⑪ 重大   (   )   ⑫ 後世   (   )
⑬ 白旗   (   )   ⑭ 名所   (   )   ⑮ 食事   (   )
⑯ 靑軍   (   )   ⑰ 白軍   (   )   ⑱ 南山   (   )
⑲ 來年   (   )   ⑳ 正午   (   )   ㉑ 日記   (   )
㉒ 問答   (   )   ㉓ 祖上   (   )   ㉔ 八十   (   )
㉕ 問安   (   )   ㉖ 門前   (   )   ㉗ 電話   (   )
㉘ 生家   (   )

답
① 효자(효도할 효, 아들 자) ② 좌우(왼 좌, 오른 우) ③ 천자문(일천 천, 글자 자, 글월 문) ④ 등산(오를 등, 뫼 산) ⑤ 춘하추동(봄 춘, 여름 하, 가을 추, 겨울 동) ⑥ 식목일(심을 식, 나무 목, 날 일) ⑦ 자동차(스스로 자, 움직일 동, 수레 차) ⑧ 편지(편안할 편, 종이 지) ⑨ 식물(심을 식, 만물 물) ⑩ 농부(농사 농, 지아비 부) ⑪ 중대(무거울 중, 큰 대) ⑫ 후세(뒤 후, 세상 세) ⑬ 백기(흰 백, 기 기) ⑭ 명소(이름 명, 바 소) ⑮ 식사(먹을 식, 일 사) ⑯ 청군(푸를 청, 군사 군) ⑰ 백군(흰 백, 군사 군) ⑱ 남산(남녘 남, 뫼 산) ⑲ 내년(올 래, 해 년) ⑳ 정오(바를 정, 정오 오) ㉑ 일기(날 일, 기록할 기) ㉒ 문답(물을 문, 대답할 답) ㉓ 조상(할아버지 조, 위 상) ㉔ 팔십(여덟 팔, 열 십) ㉕ 문안(물을 문, 편안할 안) ㉖ 문전(문 문, 앞 전) ㉗ 전화(전기 전, 말 화) ㉘ 생가(날 생, 집 가)

24

다음 漢字語(한자어)의 讀音(독음)을 쓰세요.

① 國旗   (   )   ② 車道 (   )   ③ 姓名 (   )
④ 室內   (   )   ⑤ 孝女 (   )   ⑥ 海外 (   )
⑦ 學力   (   )   ⑧ 同時 (   )   ⑨ 民間 (   )
⑩ 東海   (   )   ⑪ 學生 (   )   ⑫ 敎室 (   )
⑬ 軍人   (   )   ⑭ 校長 (   )   ⑮ 國民 (   )
⑯ 學年   (   )   ⑰ 江村 (   )   ⑱ 自然 (   )

⑲ 氣溫　（　　　）　　⑳ 男子　（　　　）　　㉑ 言語　（　　　）
㉒ 山村　（　　　）　　㉓ 洞里　（　　　）　　㉔ 學生　（　　　）
㉕ 自動車（　　　）　　㉖ 年少　（　　　）　　㉗ 外三寸（　　　）
㉘ 母校　（　　　）　　㉙ 祖父　（　　　）　　㉚ 中心　（　　　）
㉛ 春秋　（　　　）　　㉜ 大門　（　　　）　　㉝ 人間　（　　　）
㉞ 水平　（　　　）

답

① 국기(나라 국, 기 기) ② 차도(수레 차, 길 도) ③ 성명(성씨 성, 이름 명) ④ 실내(집 실, 안 내) ⑤ 효녀(효도할 효, 여자 녀) ⑥ 해외(바다 해, 바깥 외) ⑦ 학력(배울 학, 힘 력) ⑧ 동시(같을 동, 때 시) ⑨ 민간(백성 민, 사이 간) ⑩ 동해(동녘 동, 바다 해) ⑪ 학생(배울 학, 날 생) ⑫ 교실(가르칠 교, 집 실) ⑬ 군인(군사 군, 사람 인) ⑭ 교장(학교 교, 긴 장) ⑮ 국민(나라 국, 백성 민) ⑯ 학년(배울 학, 해 년) ⑰ 강촌(강 강, 마을 촌) ⑱ 자연(스스로 자, 그럴 연) ⑲ 기온(기운 기, 따뜻할 온) ⑳ 남자(사내 남, 아들 자) ㉑ 언어(말씀 언, 말씀 어) ㉒ 산촌(뫼 산, 마을 촌) ㉓ 동리(마을 동, 마을 리) ㉔ 학생(배울 학, 날 생) ㉕ 자동차(스스로 자, 움직일 동, 수레 차) ㉖ 연소(해 연, 적을 소) ㉗ 외삼촌(바깥 외, 석 삼, 마디 촌) ㉘ 모교(어미 모, 학교 교) ㉙ 조부(할아버지 조, 아비 부) ㉚ 중심(가운데 중, 마음 심) ㉛ 춘추(봄 춘, 가을 추) ㉜ 대문(큰 대, 문 문) ㉝ 인간(사람 인, 사이 간) ㉞ 수평(물 수, 평평할 평)

25

다음 漢字語(한자어)의 讀音(독음)을 쓰세요.

① 百姓　（　　　）　　② 時間　（　　　）　　③ 敎育　（　　　）
④ 手足　（　　　）　　⑤ 百萬　（　　　）　　⑥ 數萬　（　　　）
⑦ 入口　（　　　）　　⑧ 車窓　（　　　）　　⑨ 敎室　（　　　）
⑩ 東風　（　　　）　　⑪ 兄弟　（　　　）　　⑫ 登山　（　　　）
⑬ 祖上　（　　　）　　⑭ 古今　（　　　）　　⑮ 人口　（　　　）
⑯ 靑年　（　　　）　　⑰ 全校　（　　　）　　⑱ 住所　（　　　）
⑲ 不正　（　　　）　　⑳ 男女　（　　　）　　㉑ 場所　（　　　）
㉒ 漢江　（　　　）　　㉓ 數學　（　　　）　　㉔ 漢字　（　　　）
㉕ 下午　（　　　）　　㉖ 問答　（　　　）　　㉗ 四方　（　　　）
㉘ 山水　（　　　）

답

① 백성(일백 백, 성씨 성) ② 시간(때 시, 사이 간) ③ 교육(가르칠 교, 기를 육) ④ 수족(손 수, 발 족) ⑤ 백만(일백 백, 일만 만) ⑥ 수만(셈 수, 일만 만) ⑦ 입구(들 입, 입 구) ⑧ 차창(수레 차, 창 창) ⑨ 교실(가르칠 교, 집 실) ⑩ 동풍(동녘 동, 바람 풍) ⑪ 형제(맏 형, 아우 제) ⑫ 등산(오를 등, 뫼 산) ⑬ 조상(할아버지 조, 위 상) ⑭ 고금(옛 고, 이제 금) ⑮ 인구(사람 인, 입 구) ⑯ 청년(푸를 청, 해 년) ⑰ 전교(온전할 전, 학교 교) ⑱ 주소(살 주, 바 소) ⑲ 부정(아닐 부, 바를 정) ⑳ 남녀(사내 남, 여자 녀) ㉑ 장소(마당 장, 바 소) ㉒ 한강(한수 한, 강 강) ㉓ 수학(셈 수, 배울 학) ㉔ 한자(한수 한, 글자 자) ㉕ 하

오(아래 하, 정오 오) ㉖ 문답(물을 문, 대답할 답) ㉗ 사방(넉 사, 모 방) ㉘ 산수(뫼 산, 물 수)

26

다음 漢字語(한자어)의 讀音(독음)을 쓰세요.

① 電話 (　　)　② 國旗 (　　)　③ 農夫 (　　)
④ 農事 (　　)　⑤ 寸數 (　　)　⑥ 前後 (　　)
⑦ 休日 (　　)　⑧ 農林 (　　)　⑨ 氣力 (　　)
⑩ 氣分 (　　)　⑪ 老人 (　　)　⑫ 老少 (　　)
⑬ 活氣 (　　)　⑭ 活力 (　　)　⑮ 市長 (　　)
⑯ 百方 (　　)　⑰ 先生 (　　)　⑱ 先後 (　　)
⑲ 國歌 (　　)　⑳ 國土 (　　)　㉑ 春分 (　　)
㉒ 秋分 (　　)　㉓ 登場 (　　)　㉔ 東西 (　　)
㉕ 生水 (　　)

답
① 전화(전기 전, 말 화) ② 국기(나라 국, 기 기) ③ 농부(농사 농, 지아비 부) ④ 농사(농사 농, 일 사) ⑤ 촌수(마디 촌, 셈 수) ⑥ 전후(앞 전, 뒤 후) ⑦ 휴일(쉴 휴, 날 일) ⑧ 농림(농사 농, 수풀 림) ⑨ 기력(기운 기, 힘 력) ⑩ 기분(기운 기, 나눌 분) ⑪ 노인(늙을 노, 사람 인) ⑫ 노소(늙을 노, 적을 소) ⑬ 활기(살 활, 기운 기) ⑭ 활력(살 활, 힘 력) ⑮ 시장(저자 시, 어른 장) ⑯ 백방(일백 백, 모 방) ⑰ 선생(먼저 선, 날 생) ⑱ 선후(먼저 선, 뒤 후) ⑲ 국가(나라 국, 노래 가) ⑳ 국토(나라 국, 흙 토) ㉑ 춘분(봄 춘, 나눌 분) ㉒ 추분(가을 추, 나눌 분) ㉓ 등장(오를 등, 마당 장) ㉔ 동서(동녘 동, 서녘 서) ㉕ 생수(날 생, 물 수)

27

다음 漢字語(한자어)의 讀音(독음)을 쓰세요.

① 南北 (　　)　② 海女 (　　)　③ 西海 (　　)
④ 海草 (　　)　⑤ 所有 (　　)　⑥ 所重 (　　)
⑦ 日時 (　　)　⑧ 手話 (　　)　⑨ 外出 (　　)
⑩ 長女 (　　)　⑪ 室內 (　　)　⑫ 室外 (　　)
⑬ 敎室 (　　)　⑭ 先祖 (　　)　⑮ 校門 (　　)
⑯ 便安 (　　)　⑰ 邑長 (　　)　⑱ 每日 (　　)
⑲ 每事 (　　)　⑳ 全人 (　　)　㉑ 全南 (　　)
㉒ 全北 (　　)　㉓ 生前 (　　)　㉔ 文物 (　　)
㉕ 事物 (　　)　㉖ 千萬 (　　)　㉗ 面目 (　　)

㉘ 電車 (　　　)　　㉙ 靑年 (　　　)　　㉚ 萬人 (　　　)
㉛ 歌樂

답

① 남북(남녘 남, 북녘 북) ② 해녀(바다 해, 여자 녀) ③ 서해(서녘 서, 바다 해) ④ 해초(바다 해, 풀 초) ⑤ 소유(바 소, 있을 유) ⑥ 소중(바 소, 무거울 중) ⑦ 일시(날 일, 때 시) ⑧ 수화(손 수, 말 화) ⑨ 외출(바깥 외, 날 출) ⑩ 장녀(길 장, 여자 녀) ⑪ 실내(집 실, 안 내) ⑫ 실외(집 실, 바깥 외) ⑬ 교실(가르칠 교, 집 실) ⑭ 선조(먼저 선, 할아버지 조) ⑮ 교문(학교 교, 문 문) ⑯ 편안(편안할 편, 편안할 안) ⑰ 읍장(고을 읍, 길 장) ⑱ 매일(매양 매, 날 일) ⑲ 매사(매양 매, 일 사) ⑳ 전인(온전할 전, 사람 인) ㉑ 전남(온전할 전, 남녘 남) ㉒ 전북(온전할 전, 북녘 북) ㉓ 생전(날 생, 앞 전) ㉔ 문물(글월 문, 만물 물) ㉕ 사물(일 사, 만물 물) ㉖ 천만(일천 천, 일만 만) ㉗ 면목(낯 면, 눈 목) ㉘ 전차(전기 전, 수레 차) ㉙ 청년(푸를 청, 해 년) ㉚ 만인(일만 만, 사람 인) ㉛ 가락(노래 가, 즐거울 락)

28

다음 漢字語(한자어)의 讀音(독음)을 쓰세요.

① 命名 (　　　)　　② 生命 (　　　)　　③ 西山 (　　　)
④ 海水 (　　　)　　⑤ 姓名 (　　　)　　⑥ 立場 (　　　)
⑦ 入場 (　　　)　　⑧ 孝行 (　　　)　　⑨ 活動 (　　　)
⑩ 同生 (　　　)　　⑪ 百姓 (　　　)　　⑫ 天然 (　　　)
⑬ 問答 (　　　)　　⑭ 出入 (　　　)　　⑮ 火水 (　　　)
⑯ 千秋 (　　　)　　⑰ 植物 (　　　)　　⑱ 內外 (　　　)
⑲ 前後 (　　　)　　⑳ 左右 (　　　)　　㉑ 父母 (　　　)
㉒ 金銀 (　　　)

답

① 명명(목숨 명, 이름 명) ② 생명(날 생, 목숨 명) ③ 서산(서녘 서, 뫼 산) ④ 해수(바다 해, 물 수) ⑤ 성명(성씨 성, 이름 명) ⑥ 입장(설 립, 마당 장) ⑦ 입장(들 입, 마당 장) ⑧ 효행(효도할 효, 갈 행) ⑨ 활동(살 활, 움직일 동) ⑩ 동생(같을 동, 날 생) ⑪ 백성(일백 백, 성씨 성) ⑫ 천연(하늘 천, 그럴 연) ⑬ 문답(물을 문, 대답할 답) ⑭ 출입(날 출, 들 입) ⑮ 화수(불 화, 물 수) ⑯ 천추(일천 천, 가을 추) ⑰ 식물(심을 식, 만물 물) ⑱ 내외(안 내, 바깥 외) ⑲ 전후(앞 전, 뒤 후) ⑳ 좌우(왼 좌, 오른 우) ㉑ 부모(아비 부, 어미 모) ㉒ 금은(쇠 금, 은 은)

29

다음 漢字語(한자어)의 讀音(독음)을 쓰세요.

① 男女 (　　　)　　② 天地 (　　　)　　③ 上下 (　　　)
④ 大小 (　　　)　　⑤ 先後 (　　　)　　⑥ 東西 (　　　)
⑦ 南北 (　　　)　　⑧ 老少 (　　　)　　⑨ 氣力 (　　　)

⑩ 春秋 (　　　)　⑪ 夏冬 (　　　)　⑫ 女子 (　　　)
⑬ 江山 (　　　)　⑭ 山川 (　　　)　⑮ 名分 (　　　)
⑯ 地名 (　　　)　⑰ 名門 (　　　)　⑱ 名手 (　　　)
⑲ 名數 (　　　)　⑳ 名物 (　　　)　㉑ 動物 (　　　)
㉒ 上下 (　　　)　㉓ 天下 (　　　)　㉔ 地上 (　　　)
㉕ 內面 (　　　)　㉖ 年內 (　　　)　㉗ 市內 (　　　)
㉘ 外面 (　　　)　㉙ 海外 (　　　)　㉚ 中心 (　　　)
㉛ 心氣 (　　　)　㉜ 心身 (　　　)　㉝ 日出 (　　　)
㉞ 身上 (　　　)

답

① 남녀(사내 남, 여자 여) ② 천지(하늘 천, 땅 지) ③ 상하(위 상, 아래 하) ④ 대소(큰 대, 작을 소) ⑤ 선후(먼저 선, 뒤 후) ⑥ 동서(동녘 동, 서녘 서) ⑦ 남북(남녘 남, 북녘 북) ⑧ 노소(늙을 노, 적을 소) ⑨ 기력(기운 기, 힘 력) ⑩ 춘추(봄 춘, 가을 추) ⑪ 하동(여름 하, 겨울 동) ⑫ 여자(여자 녀, 아들 자) ⑬ 강산(강 강, 뫼 산) ⑭ 산천(뫼 산, 내 천) ⑮ 명분(이름 명, 나눌 분) ⑯ 지명(땅 지, 이름 명) ⑰ 명문(이름 명, 문 문) ⑱ 명수(이름 명, 손 수) ⑲ 명수(이름 명, 셈 수) ⑳ 명물(이름 명, 만물 물) ㉑ 동물(움직일 동, 만물 물) ㉒ 상하(위 상, 아래 하) ㉓ 천하(하늘 천, 아래 하) ㉔ 지상(땅 지, 위 상) ㉕ 내면(안 내, 낯 면) ㉖ 연내(해 연, 안 내) ㉗ 시내(저자 시, 안 내) ㉘ 외면(바깥 외, 낯 면) ㉙ 해외(바다 해, 바깥 외) ㉚ 중심(가운데 중, 마음 심) ㉛ 심기(마음 심, 기운 기) ㉜ 심신(마음 심, 몸 신) ㉝ 일출(날 일, 날 출) ㉞ 신상(몸 신, 위 상)

30

다음 漢字語(한자어)의 讀音(독음)을 쓰세요.

① 全身 (　　　)　② 內心 (　　　)　③ 空氣 (　　　)
④ 日出 (　　　)　⑤ 外出 (　　　)　⑥ 出動 (　　　)
⑦ 食口 (　　　)　⑧ 天然 (　　　)　⑨ 門前 (　　　)
⑩ 事前 (　　　)　⑪ 自白 (　　　)　⑫ 每年 (　　　)
⑬ 老後 (　　　)　⑭ 食後 (　　　)　⑮ 失手 (　　　)
⑯ 每事 (　　　)　⑰ 同時 (　　　)　⑱ 來年 (　　　)
⑲ 命中 (　　　)　⑳ 中立 (　　　)　㉑ 事後 (　　　)
㉒ 空白 (　　　)　㉓ 世間 (　　　)　㉔ 出生 (　　　)
㉕ 入學 (　　　)　㉖ 放學 (　　　)　㉗ 間食 (　　　)
㉘ 活氣 (　　　)　㉙ 活力 (　　　)　㉚ 自活 (　　　)

답

① 전신(온전할 전, 몸 신) ② 내심(안 내, 마음 심) ③ 공기(빌 공, 기운 기) ④ 일출(날 일, 날 출) ⑤ 외출(바깥 외, 날 출) ⑥ 출동(날 출, 움직일 동) ⑦ 식구(먹을 식, 입 구) ⑧ 천연(하늘 천, 그럴 연) ⑨ 문전(문 문, 앞 전) ⑩ 사전(일 사, 앞 전) ⑪ 자백(스스로 자, 흰 백) ⑫ 매년(매양 매, 해 년) ⑬ 노후(늙을 노, 뒤 후) ⑭ 식후(먹을 식, 뒤 후) ⑮ 실수(잃을 실, 손 수) ⑯ 매사(매양 매, 일 사) ⑰ 동시(같을 동, 때 시) ⑱ 내년(올 래, 해

년) ⑲ 명중(목숨 명, 가운데 중) ⑳ 중립(가운데 중, 설 립) ㉑ 사후(일 사, 뒤 후) ㉒ 공백(빌 공, 흰 백) ㉓ 세간(세상 세, 사이 간) ㉔ 출생(날 출, 날 생) ㉕ 입학(들 입, 배울 학) ㉖ 방학(놓을 방, 배울 학) ㉗ 간식(사이 간, 먹을 식) ㉘ 활기(살 활, 기운 기) ㉙ 활력(살 활, 힘 력) ㉚ 자활(스스로 자, 살 활)

31

다음 漢字語(한자어)의 讀音(독음)을 쓰세요.

① 活動 (　　　) ② 東方 (　　　) ③ 軍歌 (　　　)
④ 人物 (　　　) ⑤ 中東 (　　　) ⑥ 草家 (　　　)
⑦ 市民 (　　　) ⑧ 春川 (　　　) ⑨ 洞口 (　　　)
⑩ 水面 (　　　) ⑪ 方面 (　　　) ⑫ 千里 (　　　)
⑬ 身長 (　　　) ⑭ 長文 (　　　) ⑮ 方言 (　　　)
⑯ 先天 (　　　) ⑰ 言行 (　　　) ⑱ 金言 (　　　)
⑲ 國字 (　　　) ⑳ 江村 (　　　) ㉑ 一生 (　　　)
㉒ 生育 (　　　) ㉓ 人工 (　　　) ㉔ 便所 (　　　)
㉕ 自主 (　　　)

답
① 활동(살 활, 움직일 동) ② 동방(동녘 동, 모 방) ③ 군가(군사 군, 노래 가) ④ 인물(사람 인, 만물 물) ⑤ 중동(가운데 중, 동녘 동) ⑥ 초가(풀 초, 집 가) ⑦ 시민(저자 시, 백성 민) ⑧ 춘천(봄 춘, 내 천) ⑨ 동구(마을 동, 입 구) ⑩ 수면(물 수, 낯 면) ⑪ 방면(모 방, 낯 면) ⑫ 천리(일천 천, 마을 리) ⑬ 신장(몸 신, 길 장) ⑭ 장문(길 장, 글월 문) ⑮ 방언(모 방, 말씀 언) ⑯ 선천(먼저 선, 하늘 천) ⑰ 언행(말씀 언, 갈 행) ⑱ 금언(쇠 금, 말씀 언) ⑲ 국자(나라 국, 글자 자) ⑳ 강촌(강 강, 마을 촌) ㉑ 일생(한 일, 날 생) ㉒ 생육(날 생, 기를 육) ㉓ 인공(사람 인, 장인 공) ㉔ 변소(소변 변, 바 소) ㉕ 자주(스스로 자, 주인 주)

32

다음 漢字語(한자어)의 讀音(독음)을 쓰세요.

① 家長 (　　　) ② 名答 (　　　) ③ 祖父 (　　　)
④ 全國 (　　　) ⑤ 日記 (　　　) ⑥ 女王 (　　　)
⑦ 道場 (　　　) ⑧ 王子 (　　　) ⑨ 來日 (　　　)
⑩ 正道 (　　　) ⑪ 外來 (　　　) ⑫ 安住 (　　　)
⑬ 農地 (　　　) ⑭ 民生 (　　　) ⑮ 住民 (　　　)
⑯ 工場 (　　　) ⑰ 邑內 (　　　) ⑱ 自立 (　　　)
⑲ 三面 (　　　) ⑳ 不正 (　　　) ㉑ 正月 (　　　)
㉒ 木花 (　　　) ㉓ 生日 (　　　) ㉔ 空間 (　　　)

㉕ 登校 (   )　　　　㉖ 萬物 (   )　　　　㉗ 不安 (   )

답

① 가장(집 가, 어른 장) ② 명답(이름 명, 대답할 답) ③ 조부(할아버지 조, 아비 부) ④ 전국(온전할 전, 나라 국) ⑤ 일기(날 일, 기록할 기) ⑥ 여왕(여자 녀, 임금 왕) ⑦ 도장(길 도, 마당 장) ⑧ 왕자(임금 왕, 아들 자) ⑨ 내일(올 래(내), 날 일) ⑩ 정도(바를 정, 길 도) ⑪ 외래(바깥 외, 올 래) ⑫ 안주(편안할 안, 살 주) ⑬ 농지(농사 농, 땅 지) ⑭ 민생(백성 민, 날 생) ⑮ 주민(살 주, 백성 민) ⑯ 공장(장인 공, 마당 장) ⑰ 읍내(고을 읍, 안 내) ⑱ 자립(스스로 자, 설 립) ⑲ 삼면(석 삼, 낯 면) ⑳ 부정(아닐 부, 바를 정) ㉑ 정월(바를 정, 달 월) ㉒ 목화(나무 목, 꽃 화) ㉓ 생일(날 생, 날 일) ㉔ 공간(빌 공, 사이 간) ㉕ 등교(오를 등, 학교 교) ㉖ 만물(일만 만, 만물 물) ㉗ 불안(아닐 불, 편안할 안)

33

다음 漢字語(한자어)의 讀音(독음)을 쓰세요.

① 不便 (   )　　② 色紙 (   )　　③ 七夕 (   )
④ 名言 (   )　　⑤ 立冬 (   )　　⑥ 平平 (   )
⑦ 韓食 (   )　　⑧ 萬全 (   )　　⑨ 住所 (   )
⑩ 年老 (   )　　⑪ 場所 (   )　　⑫ 萬民 (   )
⑬ 國立 (   )　　⑭ 道立 (   )　　⑮ 草木 (   )
⑯ 青春 (   )　　⑰ 村家 (   )　　⑱ 目前 (   )
⑲ 場面 (   )　　⑳ 行方 (   )　　㉑ 民間 (   )
㉒ 三寸 (   )　　㉓ 空中 (   )

답

① 불편(아닐 불, 편안할 편) ② 색지(빛깔 색, 종이 지) ③ 칠석(일곱 칠, 저녁 석) ④ 명언(이름 명, 말씀 언) ⑤ 입동(설 입, 겨울 동) ⑥ 평평(평평할 평, 평평할 평) ⑦ 한식(나라 한, 먹을 식) ⑧ 만전(일만 만, 온전할 전) ⑨ 주소(살 주, 바 소) ⑩ 연로(해 연, 늙을 노) ⑪ 장소(마당 장, 바 소) ⑫ 만민(일만 만, 백성 민) ⑬ 국립(나라 국, 설 입) ⑭ 도립(길 도, 설 입) ⑮ 초목(풀 초, 나무 목) ⑯ 청춘(푸를 청, 봄 춘) ⑰ 촌가(마을 촌, 집 가) ⑱ 목전(눈 목, 앞 전) ⑲ 장면(마당 장, 낯 면) ⑳ 행방(갈 행, 모 방) ㉑ 민간(백성 민, 사이 간) ㉒ 삼촌(석 삼, 마디 촌) ㉓ 공중(빌 공, 가운데 중)

34

다음 漢字語(한자어)의 讀音(독음)을 쓰세요.

① 南大門 (   )　　② 植木日 (   )　　③ 東大門 (   )
④ 孝女　 (   )　　⑤ 八道　 (   )　　⑥ 江山　 (   )
⑦ 國力　 (   )　　⑧ 木石　 (   )　　⑨ 同門　 (   )
⑩ 木工所 (   )　　⑪ 孝道　 (   )　　⑫ 先手　 (   )
⑬ 不孝　 (   )　　⑭ 石工　 (   )　　⑮ 天主教 (   )

⑯ 力不足 (   )　⑰ 外國語 (   )　⑱ 不孝子 (   )
⑲ 韓國語 (   )　⑳ 上下左右 (   )　㉑ 東西南北 (   )
㉒ 草食動物 (   )　㉓ 不老長生 (   )　㉔ 大韓民國 (   )

답

① 남대문(남녘 남, 큰 대, 문 문)　② 식목일(심을 식, 나무 목, 날 일)　③ 동대문(동녘 동, 큰 대, 문 문)　④ 효녀(효도할 효, 여자 녀)　⑤ 팔도(여덟 팔, 길 도)　⑥ 강산(강 강, 뫼 산)　⑦ 국력(나라 국, 힘 력)　⑧ 목석(나무 목, 돌 석)　⑨ 동문(같을 동, 문 문)　⑩ 목공소(나무 목, 장인 공, 바 소)　⑪ 효도(효도할 효, 길 도)　⑫ 선수(먼저 선, 손 수)　⑬ 불효(아닐 불, 효도할 효)　⑭ 석공(돌 석, 장인 공)　⑮ 천주교(하늘 천, 주인 주, 가르칠 교)　⑯ 역부족(힘 력, 아닐 부, 발 족)　⑰ 외국어(바깥 외, 나라 국, 말씀 어)　⑱ 불효자(아닐 불, 효도할 효, 아들 자)　⑲ 한국어(나라 한, 나라 국, 말씀 어)　⑳ 상하좌우(위 상, 아래 하, 왼 좌, 오른 우)　㉑ 동서남북(동녘 동, 서녘 서, 남녘 남, 북녘 북)　㉒ 초식동물(풀 초, 먹을 식, 움직일 동, 만물 물)　㉓ 불로장생(아닐 불, 늙을 노, 길 장, 날 생)　㉔ 대한민국(큰 대, 나라 한, 백성 민, 나라 국)

35

다음 漢字語(한자어)의 讀音(독음)을 쓰세요.

① 萬一 (   )　② 二重 (   )　③ 五色 (   )
④ 長男 (   )　⑤ 母國 (   )　⑥ 小心 (   )
⑦ 小人 (   )　⑧ 外家 (   )　⑨ 寸數 (   )
⑩ 弟子 (   )　⑪ 里長 (   )　⑫ 來世 (   )
⑬ 世上 (   )　⑭ 少年 (   )　⑮ 數字 (   )
⑯ 午前 (   )　⑰ 上下 (   )　⑱ 有用 (   )
⑲ 有名 (   )　⑳ 家長 (   )　㉑ 正直 (   )
㉒ 五月 (   )　㉓ 後方 (   )

답

① 만일(일만 만, 한 일)　② 이중(두 이, 무거울 중)　③ 오색(다섯 오, 빛깔 색)　④ 장남(길 장, 사내 남)　⑤ 모국(어미 모, 나라 국)　⑥ 소심(작을 소, 마음 심)　⑦ 소인(작을 소, 사람 인)　⑧ 외가(바깥 외, 집 가)　⑨ 촌수(마디 촌, 셈 수)　⑩ 제자(아우 제, 아들 자)　⑪ 이장(마을 리, 길 장)　⑫ 내세(올 래, 세상 세)　⑬ 세상(세상 세, 위 상)　⑭ 소년(적을 소, 해 년)　⑮ 숫자(셈 수, 글자 자)　⑯ 오전(정오 오, 앞 전)　⑰ 상하(위 상, 아래 하)　⑱ 유용(있을 유, 쓸 용)　⑲ 유명(있을 유, 이름 명)　⑳ 가장(집 가, 어른 장)　㉑ 정직(바를 정, 곧을 직)　㉒ 오월(다섯 오, 달 월)　㉓ 후방(뒤 후, 모 방)

36

다음 漢字語(한자어)의 讀音(독음)을 쓰세요.

① 前方 (   )　② 漢文 (   )　③ 村長 (   )
④ 住民 (   )　⑤ 百姓 (   )　⑥ 方面 (   )

⑦ 所有 (　　　)　　⑧ 空間 (　　　)　　⑨ 旗手 (　　　)
⑩ 數學 (　　　)　　⑪ 水面 (　　　)　　⑫ 手動 (　　　)
⑬ 出動 (　　　)　　⑭ 外國 (　　　)　　⑮ 海外 (　　　)
⑯ 海草 (　　　)　　⑰ 海物 (　　　)　　⑱ 農夫 (　　　)
⑲ 少數 (　　　)　　⑳ 世事 (　　　)　　㉑ 天地 (　　　)
㉒ 千字文 (　　　)

답
① 전방(앞 전, 모 방)　② 한문(한수 한, 글월 문)　③ 촌장(마을 촌, 어른 장)　④ 주민(살 주, 백성 민)　⑤ 백성(일백 백, 성씨 성)　⑥ 방면(모 방, 낯 면)　⑦ 소유(바 소, 있을 유)　⑧ 공간(빌 공, 사이 간)　⑨ 기수(기 기, 손 수)　⑩ 수학(셈 수, 배울 학)　⑪ 수면(물 수, 낯 면)　⑫ 수동(손 수, 움직일 동)　⑬ 출동(날 출, 움직일 동)　⑭ 외국(바깥 외, 나라 국)　⑮ 해외(바다 해, 바깥 외)　⑯ 해초(바다 해, 풀 초)　⑰ 해물(바다 해, 만물 물)　⑱ 농부(농사 농, 지아비 부)　⑲ 소수(적을 소, 셈 수)　⑳ 세사(세상 세, 일 사)　㉑ 천지(하늘 천, 땅 지)　㉒ 천자문(일천 천, 글자 자, 글월 문)

37

다음 漢字語(한자어)의 讀音(독음)을 쓰세요.

① 立冬 (　　　)　　② 入室 (　　　)　　③ 室外 (　　　)
④ 漢江 (　　　)　　⑤ 山村 (　　　)　　⑥ 農場 (　　　)
⑦ 四方 (　　　)　　⑧ 學校 (　　　)　　⑨ 敎育 (　　　)
⑩ 靑年 (　　　)

답
① 입동(설 입, 겨울 동)　② 입실(들 입, 집 실)　③ 실외(집 실, 바깥 외)　④ 한강(한수 한, 강 강)　⑤ 산촌(뫼 산, 마을 촌)　⑥ 농장(농사 농, 마당 장)　⑦ 사방(넉 사, 모 방)　⑧ 학교(배울 학, 학교 교)　⑨ 교육(가르칠 교, 기를 육)　⑩ 청년(푸를 청, 해 년)

38

다음 漢字語(한자어)의 讀音(독음)을 쓰세요.

① 年內 (　　　)　　② 名手 (　　　)　　③ 上士 (　　　)
④ 漢江 (　　　)　　⑤ 活動 (　　　)　　⑥ 木手 (　　　)
⑦ 六月 (　　　)　　⑧ 十月 (　　　)　　⑨ 便所 (　　　)
⑩ 不正 (　　　)　　⑪ 有利 (　　　)　　⑫ 不便 (　　　)
⑬ 數字 (　　　)　　⑭ 老人 (　　　)　　⑮ 每年 (　　　)
⑯ 漢字 (　　　)　　⑰ 年老 (　　　)　　⑱ 住所 (　　　)
⑲ 來年 (　　　)　　⑳ 立夏 (　　　)　　㉑ 來日 (　　　)
㉒ 時間 (　　　)　　㉓ 金利 (　　　)　　㉔ 秋夕 (　　　)

㉕ 國民 (   )   ㉖ 軍人 (   )   ㉗ 三寸 (   )
㉘ 言動 (   )   ㉙ 邑內 (   )   ㉚ 老人 (   )

답
① 연내(해 연, 안 내) ② 명수(이름 명, 손 수) ③ 상사(위 상, 선비 사) ④ 한강(한수 한, 강 강) ⑤ 활동(살 활, 움직일 동) ⑥ 목수(나무 목, 손 수) ⑦ 육(유)월(여섯 육, 달 월) ⑧ 십(시)월(열 십, 달 월) ⑨ 변소(소변 변, 바 소) ⑩ 부정(아닐 부, 바를 정) ⑪ 유리(있을 유, 이로울·날카로울 이) ⑫ 불편(아닐 불, 편안할 편) ⑬ 숫자(셈 수, 글자 자) ⑭ 노인(늙을 노, 사람 인) ⑮ 매년(매양 매, 해 년) ⑯ 한자(한수 한, 글자 자) ⑰ 연로(해 연, 늙을 노) ⑱ 주소(살 주, 바 소) ⑲ 내년(올 래(내), 해 년) ⑳ 입하(설 립(입), 여름 하) ㉑ 내일(올 래(내), 날 일) ㉒ 시간(때 시, 사이 간) ㉓ 금리(쇠 금, 이로울 이) ㉔ 추석(가을 추, 저녁 석) ㉕ 국민(나라 국, 백성 민) ㉖ 군인(군사 군, 사람 인) ㉗ 삼촌(석 삼, 마디 촌) ㉘ 언동(말씀 언, 움직일 동) ㉙ 읍내(고을 읍, 안 내) ㉚ 노인(늙을 노, 사람 인)

39

다음 漢字語(한자어)의 讀音(독음)을 쓰세요.

① 先後 (   )   ② 老人 (   )   ③ 孝子 (   )
④ 生食 (   )   ⑤ 母校 (   )   ⑥ 南海 (   )
⑦ 地下 (   )   ⑧ 村長 (   )   ⑨ 百萬 (   )
⑩ 千字文 (   ) ⑪ 南北 (   )   ⑫ 祖國 (   )
⑬ 母女 (   )   ⑭ 父子 (   )   ⑮ 百方 (   )
⑯ 後面 (   )   ⑰ 前面 (   )   ⑱ 登場 (   )
⑲ 植木日 (   ) ⑳ 父女 (   )   ㉑ 小學 (   )
㉒ 日記 (   )   ㉓ 文物 (   )   ㉔ 文學 (   )
㉕ 所有 (   )   ㉖ 手足 (   )   ㉗ 下水道 (   )
㉘ 上水道 (   ) ㉙ 力道 (   )   ㉚ 左右 (   )

답
① 선후(먼저 선, 뒤 후) ② 노인(늙을 노, 사람 인) ③ 효자(효도할 효, 아들 자) ④ 생식(날 생, 먹을 식) ⑤ 모교(어미 모, 학교 교) ⑥ 남해(남녘 남, 바다 해) ⑦ 지하(땅 지, 아래 하) ⑧ 촌장(마을 촌, 어른 장) ⑨ 백만(일백 백, 일만 만) ⑩ 천자문(일천 천, 글자 자, 글월 문) ⑪ 남북(남녘 남, 북녘 북) ⑫ 조국(할아버지 조, 나라 국) ⑬ 모녀(어미 모, 여자 녀) ⑭ 부자(아비 부, 아들 자) ⑮ 백방(일백 백, 모 방) ⑯ 후면(뒤 후, 낯 면) ⑰ 전면(앞 전, 낯 면) ⑱ 등장(오를 등, 마당 장) ⑲ 식목일(심을 식, 나무 목, 날 일) ⑳ 부녀(아비 부, 여자 녀) ㉑ 소학(작을 소, 배울 학) ㉒ 일기(날 일, 기록할 기) ㉓ 문물(글월 문, 만물 물) ㉔ 문학(글월 문, 배울 학) ㉕ 소유(바 소, 있을 유) ㉖ 수족(손 수, 발 족) ㉗ 하수도(아래 하, 물 수, 길 도) ㉘ 상수도(위 상, 물 수, 길 도) ㉙ 역도(힘 역, 길 도) ㉚ 좌우(왼 좌, 오른 우)

40

다음 漢字語(한자어)의 讀音(독음)을 쓰세요.

① 花草 (   )   ② 農林 (   )   ③ 每日 (   )

④ 每年 (　　)　⑤ 世上 (　　)　⑥ 命名 (　　)
⑦ 正直 (　　)　⑧ 姓名 (　　)　⑨ 百姓 (　　)
⑩ 午前 (　　)　⑪ 午後 (　　)　⑫ 問答 (　　)
⑬ 男女 (　　)　⑭ 室內 (　　)　⑮ 韓國 (　　)
⑯ 大韓民國 (　　)　⑰ 東西 (　　)　⑱ 東海 (　　)
⑲ 外出 (　　)　⑳ 出入 (　　)　㉑ 國軍 (　　)
㉒ 外三寸 (　　)　㉓ 敎育 (　　)　㉔ 家長 (　　)
㉕ 人間 (　　)　㉖ 動物 (　　)　㉗ 植物 (　　)
㉘ 農村 (　　)　㉙ 農夫 (　　)

답 ① 화초(꽃 화, 풀 초) ② 농림(농사 농, 수풀 림) ③ 매일(매양 매, 날 일) ④ 매년(매양 매, 해 년) ⑤ 세상(세상 세, 위 상) ⑥ 명명(목숨 명, 이름 명) ⑦ 정직(바를 정, 곧을 직) ⑧ 성명(성씨 성, 이름 명) ⑨ 백성(일백 백, 성씨 성) ⑩ 오전(정오 오, 앞 전) ⑪ 오후(정오 오, 뒤 후) ⑫ 문답(물을 문, 대답할 답) ⑬ 남녀(사내 남, 여자 녀) ⑭ 실내(집 실, 안 내) ⑮ 한국(나라 한, 나라 국) ⑯ 대한민국(큰 대, 나라 한, 백성 민, 나라 국) ⑰ 동서(동녘 동, 서녘 서) ⑱ 동해(동녘 동, 바다 해) ⑲ 외출(바깥 외, 날 출) ⑳ 출입(날 출, 들 입) ㉑ 국군(나라 국, 군사 군) ㉒ 외삼촌(바깥 외, 석 삼, 마디 촌) ㉓ 교육(가르칠 교, 기를 육) ㉔ 가장(집 가, 어른 장) ㉕ 인간(사람 인, 사이 간) ㉖ 동물(움직일 동, 만물 물) ㉗ 식물(심을 식, 만물 물) ㉘ 농촌(농사 농, 마을 촌) ㉙ 농부(농사 농, 지아비 부)

41

다음 漢字語(한자어)의 讀音(독음)을 쓰세요.

① 心身 (　　)　② 便安 (　　)　③ 市長 (　　)
④ 空氣 (　　)　⑤ 空中 (　　)　⑥ 草地 (　　)
⑦ 出口 (　　)　⑧ 後面 (　　)　⑨ 電氣 (　　)
⑩ 化學 (　　)　⑪ 主人 (　　)　⑫ 孝道 (　　)
⑬ 算數 (　　)　⑭ 歌手 (　　)　⑮ 手話 (　　)
⑯ 秋夕 (　　)　⑰ 孝行 (　　)　⑱ 活力 (　　)
⑲ 國旗 (　　)　⑳ 萬年 (　　)　㉑ 自然 (　　)
㉒ 四方 (　　)　㉓ 便所 (　　)　㉔ 大便 (　　)
㉕ 小便 (　　)　㉖ 老後 (　　)　㉗ 入場 (　　)
㉘ 立場 (　　)　㉙ 來日 (　　)　㉚ 間食 (　　)

답 ① 심신(마음 심, 몸 신) ② 편안(편안할 편, 편안할 안) ③ 시장(저자 시, 어른 장) ④ 공기(빌 공, 기운 기) ⑤ 공중(빌 공, 가운데 중) ⑥ 초지(풀 초, 땅 지) ⑦ 출구(날 출, 입 구) ⑧ 후면(뒤 후, 낯 면) ⑨ 전기(전기 전, 기운 기) ⑩ 화학(될 화, 배울 학) ⑪ 주인(주인 주, 사람 인) ⑫ 효도(효도할 효, 길 도) ⑬ 산수(셀 산, 셈 수) ⑭ 가수(노래 가, 손 수) ⑮ 수화(손 수, 말할 화) ⑯ 추석(가을 추, 저녁 석) ⑰ 효행(효도할 효, 갈 행) ⑱ 활력(살 활, 힘 력) ⑲ 국기(나라 국, 기 기) ⑳ 만년(일만 만, 해 년) ㉑ 자연(스스로 자, 그럴 연)

㉒ 사방(넉 사, 모 방) ㉓ 변소(소변 변, 바 소) ㉔ 대변(큰 대, 소변 변) ㉕ 소변(작을 소, 소변 변) ㉖ 노후(늙을 로(노), 뒤 후) ㉗ 입장(들 입, 마당 장) ㉘ 입장(설 입, 마당 장) ㉙ 내일(올 래(내), 날 일) ㉚ 간식(사이 간, 먹을 식)

42

다음 漢字語(한자어)의 讀音(독음)을 쓰세요.

① 土地 (　　)　② 兄弟 (　　)　③ 五月 (　　)
④ 靑春 (　　)　⑤ 學校 (　　)　⑥ 家口 (　　)
⑦ 數學 (　　)　⑧ 國語 (　　)　⑨ 同名 (　　)
⑩ 同生 (　　)　⑪ 正午 (　　)　⑫ 地上 (　　)
⑬ 大小 (　　)　⑭ 多少 (　　)　⑮ 前後 (　　)
⑯ 先祖 (　　)　⑰ 後孫 (　　)　⑱ 下校 (　　)
⑲ 登校 (　　)　⑳ 登山 (　　)　㉑ 下山 (　　)
㉒ 天上 (　　)　㉓ 天下 (　　)　㉔ 言語 (　　)
㉕ 食後 (　　)　㉖ 食前 (　　)　㉗ 春三月 (　　)
㉘ 秋冬 (　　)　㉙ 自己 (　　)　㉚ 手記 (　　)

답
① 토지(흙 토, 땅 지) ② 형제(맏 형, 아우 제) ③ 오월(다섯 오, 달 월) ④ 청춘(푸를 청, 봄 춘) ⑤ 학교(배울 학, 학교 교) ⑥ 가구(집 가, 입 구) ⑦ 수학(셈 수, 배울 학) ⑧ 국어(나라 국, 말씀 어) ⑨ 동명(같을 동, 이름 명) ⑩ 동생(같을 동, 날 생) ⑪ 정오(바를 정, 정오 오) ⑫ 지상(땅 지, 위 상) ⑬ 대소(큰 대, 작을 소) ⑭ 다소(많을 다, 적을 소) ⑮ 전후(앞 전, 뒤 후) ⑯ 선조(먼저 선, 할아버지 조) ⑰ 후손(뒤 후, 손자 손) ⑱ 하교(아래 하, 학교 교) ⑲ 등교(오를 등, 학교 교) ⑳ 등산(오를 등, 뫼 산) ㉑ 하산(아래 하, 뫼 산) ㉒ 천상(하늘 천, 위 상) ㉓ 천하(하늘 천, 아래 하) ㉔ 언어(말씀 언, 말씀 어) ㉕ 식후(먹을 식, 뒤 후) ㉖ 식전(먹을 식, 앞 전) ㉗ 춘삼월(봄 춘, 석 삼, 달 월) ㉘ 추동(가을 추, 겨울 동) ㉙ 자기(스스로 자, 자기 기) ㉚ 수기(손 수, 기록할 기)

43

다음 漢字語(한자어)의 讀音(독음)을 쓰세요.

① 農土 (　　)　② 空中 (　　)　③ 軍歌 (　　)
④ 農夫歌 (　　)　⑤ 南道 (　　)　⑥ 來年 (　　)
⑦ 江村 (　　)　⑧ 村夫 (　　)　⑨ 名色 (　　)
⑩ 每事 (　　)　⑪ 午後 (　　)　⑫ 女王 (　　)
⑬ 王命 (　　)　⑭ 命中 (　　)　⑮ 時事 (　　)
⑯ 室外 (　　)　⑰ 外面 (　　)　⑱ 弟子 (　　)
⑲ 先生 (　　)　⑳ 敎室 (　　)　㉑ 世人 (　　)

㉒ 立地　(　　)　㉓ 洞里　(　　)　㉔ 先祖　(　　)
㉕ 國花　(　　)　㉖ 國歌　(　　)　㉗ 國家　(　　)
㉘ 國土　(　　)　㉙ 國旗　(　　)　㉚ 國語　(　　)

답

① 농토(농사 농, 흙 토) ② 공중(빌 공, 가운데 중) ③ 군가(군사 군, 노래 가) ④ 농부가(농사 농, 지아비 부, 노래 가) ⑤ 남도(남녘 남, 길 도) ⑥ 내년(올 래(내), 해 년) ⑦ 강촌(강 강, 마을 촌) ⑧ 촌부(마을 촌, 지아비 부) ⑨ 명색(이름 명, 빛깔 색) ⑩ 매사(매양 매, 일 사) ⑪ 오후(정오 오, 뒤 후) ⑫ 여왕(여자 녀(여), 임금 왕) ⑬ 왕명(임금 왕, 목숨 명) ⑭ 명중(목숨 명, 가운데 중) ⑮ 시사(때 시, 일 사) ⑯ 실외(집 실, 바깥 외) ⑰ 외면(바깥 외, 낯 면) ⑱ 제자(아우 제, 아들 자) ⑲ 선생(먼저 선, 날 생) ⑳ 교실(가르칠 교, 집 실) ㉑ 세인(세상 세, 사람 인) ㉒ 입지(설 입, 땅 지) ㉓ 동리(마을 동, 마을 리) ㉔ 선조(먼저 선, 할아버지 조) ㉕ 국화(나라 국, 꽃 화) ㉖ 국가(나라 국, 노래 가) ㉗ 국가(나라 국, 집 가) ㉘ 국토(나라 국, 흙 토) ㉙ 국기(나라 국, 기 기) ㉚ 국어(나라 국, 말씀 어)

44

다음 漢字語(한자어)의 讀音(독음)을 쓰세요.

① 母國　(　　)　② 海草　(　　)　③ 自身　(　　)
④ 場所　(　　)　⑤ 工事　(　　)　⑥ 四寸　(　　)
⑦ 食事　(　　)　⑧ 自然　(　　)　⑨ 動力　(　　)
⑩ 自動　(　　)　⑪ 活動　(　　)　⑫ 孝行　(　　)
⑬ 同時　(　　)　⑭ 邑長　(　　)　⑮ 校長　(　　)
⑯ 學長　(　　)　⑰ 村長　(　　)　⑱ 國民　(　　)
⑲ 民主　(　　)　⑳ 住民　(　　)　㉑ 民生　(　　)
㉒ 農民　(　　)　㉓ 植民地　(　　)　㉔ 所有　(　　)
㉕ 八方　(　　)　㉖ 市民　(　　)　㉗ 住所　(　　)
㉘ 旗手　(　　)　㉙ 靑軍旗　(　　)

답

① 모국(어미 모, 나라 국) ② 해초(바다 해, 풀 초) ③ 자신(스스로 자, 몸 신) ④ 장소(마당 장, 바 소) ⑤ 공사(장인 공, 일 사) ⑥ 사촌(넉 사, 마디 촌) ⑦ 식사(먹을 식, 일 사) ⑧ 자연(스스로 자, 그럴 연) ⑨ 동력(움직일 동, 힘 력) ⑩ 자동(스스로 자, 움직일 동) ⑪ 활동(살 활, 움직일 동) ⑫ 효행(효도할 효, 갈 행) ⑬ 동시(같을 동, 때 시) ⑭ 읍장(고을 읍, 어른 장) ⑮ 교장(학교 교, 어른 장) ⑯ 학장(배울 학, 어른 장) ⑰ 촌장(마을 촌, 어른 장) ⑱ 국민(나라 국, 백성 민) ⑲ 민주(백성 민, 주인 주) ⑳ 주민(살 주, 백성 민) ㉑ 민생(백성 민, 날 생) ㉒ 농민(농사 농, 백성 민) ㉓ 식민지(심을 식, 백성 민, 땅 지) ㉔ 소유(바 소, 있을 유) ㉕ 팔방(여덟 팔, 모 방) ㉖ 시민(저자 시, 백성 민) ㉗ 주소(살 주, 바 소) ㉘ 기수(기 기, 손 수) ㉙ 청군기(푸를 청, 군사 군, 기 기)

45

다음 漢字語(한자어)의 讀音(독음)을 쓰세요.

① 電話 (　　) ② 山上 (　　) ③ 後事 (　　)
④ 名所 (　　) ⑤ 敎育 (　　) ⑥ 村民 (　　)
⑦ 平民 (　　) ⑧ 平生 (　　) ⑨ 平地 (　　)
⑩ 漢江 (　　) ⑪ 空間 (　　) ⑫ 時間 (　　)
⑬ 便紙 (　　) ⑭ 海女 (　　) ⑮ 海面 (　　)
⑯ 同氣 (　　) ⑰ 海水 (　　) ⑱ 王室 (　　)
⑲ 王子 (　　) ⑳ 軍命 (　　) ㉑ 下直 (　　)
㉒ 白紙 (　　) ㉓ 色紙 (　　) ㉔ 休日 (　　)
㉕ 下午 (　　) ㉖ 靑色 (　　) ㉗ 水面 (　　)
㉘ 萬名 (　　) ㉙ 世上 (　　) ㉚ 內面 (　　)

답

① 전화(전기 전, 말 화) ② 산상(뫼 산, 위 상) ③ 후사(뒤 후, 일 사) ④ 명소(이름 명, 바 소) ⑤ 교육(가르칠 교, 기를 육) ⑥ 촌민(마을 촌, 백성 민) ⑦ 평민(평평할 평, 백성 민) ⑧ 평생(평평할 평, 날 생) ⑨ 평지(평평할 평, 땅 지) ⑩ 한강(한수 한, 강 강) ⑪ 공간(빌 공, 사이 간) ⑫ 시간(때 시, 사이 간) ⑬ 편지(편안할 편, 종이 지) ⑭ 해녀(바다 해, 여자 녀) ⑮ 해면(바다 해, 낯 면) ⑯ 동기(같을 동, 기운 기) ⑰ 해수(바다 해, 물 수) ⑱ 왕실(임금 왕, 집 실) ⑲ 왕자(임금 왕, 아들 자) ⑳ 군명(군사 군, 목숨 명) ㉑ 하직(아래 하, 곧을 직) ㉒ 백지(흰 백, 종이 지) ㉓ 색지(빛깔 색, 종이 지) ㉔ 휴일(쉴 휴, 날 일) ㉕ 하오(아래 하, 정오 오) ㉖ 청색(푸를 청, 빛깔 색) ㉗ 수면(물 수, 낯 면) ㉘ 만명(일만 만, 이름 명) ㉙ 세상(세상 세, 위 상) ㉚ 내면(안 내, 낯 면)

46

다음 밑줄 친 漢字語(한자어)의 讀音(독음)을 보기에서 골라 쓰세요.

| ㉠ 식목일 | ㉡ 학교 | ㉢ 인도 | ㉣ 오천년 |

① 우리들은 <u>學校</u>에서 한자공부를 했다. (　　)
② 우리나라는 <u>五千年</u>의 역사를 가지고 있다. (　　)
③ 사람은 <u>人道</u>로 차는 차도로 달린다. (　　)
④ 4월 5일은 <u>植木日</u>입니다. (　　)

답

① ㉡ 학교(배울 학, 학교 교) ② ㉣ 오천년(다섯 오, 일천 천, 해 년) ③ ㉢ 인도(사람 인, 길 도) ④ ㉠ 식목일(심을 식, 나무 목, 날 일)

47

다음 밑줄 친 단어의 漢字(한자)를 보기에서 골라 쓰세요.

| ㉠ 自然 | ㉡ 山川 | ㉢ 南北 | ㉣ 先生 | ㉤ 孝道 |

① 내가 할 도리를 다 하면 그게 바로 <u>효도</u>이다.　　　　　　　(　　)
② 하루 빨리 <u>남북</u>통일이 되었으면 좋겠습니다.　　　　　　　(　　)
③ 우리 <u>선생</u>님은 매우 친절하십니다.　　　　　　　　　　　(　　)
④ 우리나라의 <u>산천</u>이 매우 아름답습니다.　　　　　　　　　　(　　)
⑤ <u>자연</u>이 더럽혀지면 사람들도 살기가 힘들어집니다.　　　　(　　)

> **답**
> ① ㅁ 孝道(효도할 효, 길 도)　② ㄴ 南北(남녘 남, 북녘 북)　③ ㄹ 先生(먼저 선, 날 생)　④ ㄷ 山川(뫼 산, 내 천)　⑤ ㄱ 自然(스스로 자, 그럴 연)

48

다음 밑줄 친 漢字語(한자어)의 音(음)을 보기에서 골라 쓰세요.

| ㄱ 전기 | ㄴ 국어 | ㄷ 팔도강산 | ㄹ 전지 | ㅁ 도로 |

① <u>國語</u>시간에 발표를 잘하여 칭찬을 받았습니다.　　　　　(　　)
② 아침에는 <u>道路</u>가 복잡합니다.　　　　　　　　　　　　　(　　)
③ 우리나라는 <u>八道江山</u>이 아름답습니다.　　　　　　　　　(　　)
④ 우리 생활이 편리한 것은 <u>電氣</u>때문입니다.　　　　　　　(　　)

> **답**
> ① ㄴ 국어(나라 국, 말씀 어)　② ㅁ 도로(길 도, 길 로)　③ ㄷ 팔도강산(여덟 팔, 길 도, 강 강, 뫼 산)　④ ㄱ 전기(전기 전, 기운 기)

49

다음 밑줄 친 단어의 漢字(한자)를 보기에서 골라 쓰세요.

| ㄱ 白軍 | ㄴ 國民 | ㄷ 學生 | ㄹ 大門 | ㅁ 軍人 |

① 이번 운동회에서 <u>백군</u>이 이겼습니다.　　　　　　　　　　(　　)
② <u>학생</u>들은 열심히 공부하여야 합니다.　　　　　　　　　　(　　)
③ 아버지가 <u>대문</u>안으로 들어오시자 나는 좋아서 뛰었습니다.　(　　)
④ <u>군인</u>이 매우 용감하였습니다.　　　　　　　　　　　　　　(　　)
⑤ <u>국민</u>이 열심히 일하면 나라가 잘 살게 됩니다.　　　　　(　　)

> **답**
> ① ㄱ 白軍(흰 백, 군사 군)　② ㄷ 學生(배울 학, 날 생)　③ ㄹ 大門(큰 대, 문 문)　④ ㅁ 軍人(군사 군, 사람 인)　⑤ ㄴ 國民(나라 국, 백성 민)

50

다음 漢字語(한자어)의 讀音(독음)을 보기에서 골라 쓰세요.

㉠ 공장	㉡ 구사일생	㉢ 초식동물	㉣ 공원	㉤ 전후좌우

① <u>公園</u>에서는 여러 사람들이 쉴 수 있습니다. ( )
② 언덕에서 굴러 <u>九死一生</u>으로 살아났습니다. ( )
③ 풀을 먹고사는 동물을 <u>草食動物</u>라고 합니다. ( )
④ 길을 건널 때에는 <u>前後左右</u>를 살펴보아야 합니다. ( )

답
① ㉣ 공원(공변될 공, 동산 원) ② ㉡ 구사일생(아홉 구, 죽을 사, 한 일, 날 생) ③ ㉢ 초식동물(풀 초, 먹을 식, 움직일 동, 만물 물) ④ ㉤ 전후좌우(앞 전, 뒤 후, 왼 좌, 오른 우)

51

다음 밑줄 친 단어의 漢字語(한자어)를 보기에서 골라 쓰세요.

㉠ 室內	㉡ 數學	㉢ 空氣	㉣ 草家	㉤ 漢江

① <u>한강</u>에는 유람선도 다닙니다. ( )
② <u>수학</u>을 배우지 않으면 살아가기에 불편합니다. ( )
③ 옛날에는 <u>초가</u>지붕이 많았습니다. ( )
④ 지구 주위에는 <u>공기</u>가 떠다닙니다. ( )
⑤ <u>실내</u>에서는 조용히 해야 합니다. ( )

답
① ㉤ 漢江(한수 한, 강 강) ② ㉡ 數學(셈 수, 배울 학) ③ ㉣ 草家(풀 초, 집 가) ④ ㉢ 空氣(빌 공, 기운 기) ⑤ ㉠ 室內(집 실, 안 내)

52

다음 漢字語(한자어)의 讀音(독음)을 보기에서 골라 쓰세요.

㉠ 광화문	㉡ 대한민국	㉢ 주인공	㉣ 불로장생

① 서울에는 <u>光化門</u>이 있습니다. ( )
② 중국의 진시황은 <u>不老長生</u>의 약을 찾으려고 했습니다. ( )
③ 내가 텔레비전 연속극 <u>主人公</u>이 된다면 좋겠습니다. ( )
④ 우리나라 이름은 <u>大韓民國</u>입니다. ( )

답
① ㉠ 광화문(빛 광, 될 화, 문 문)　② ㉡ 불로장생(아닐 불, 늙을 노, 길 장, 날 생)　③ ㉢ 주인공(주인 주, 사람 인, 공변될 공)　④ ㉣ 대한민국(큰 대, 나라 한, 백성 민, 나라 국)

53

다음 밑줄 친 단어의 漢字(한자)를 보기에서 골라 쓰세요.

| ㉠ 日記 | ㉡ 生水 | ㉢ 家長 | ㉣ 日出 | ㉤ 安心 |

① <u>생수</u>에는 미네랄이 많이 들어 있어 건강에 좋습니다.　(　　)
② 우리 집 <u>가장</u>은 아버지입니다.　(　　)
③ 어머니가 집에 계시면 <u>안심</u>이 됩니다.　(　　)
④ 해가 떠오르는 것을 <u>일출</u>이라고 합니다.　(　　)
⑤ 나는 날마다 <u>일기</u>를 씁니다.　(　　)

답
① ㉡ 生水(날 생, 물 수)　② ㉢ 家長(집 가, 긴·어른 장)　③ ㉤ 安心(편안할 안, 마음 심)
④ ㉣ 日出(날 일, 날 출)　⑤ ㉠ 日記(날 일, 기록할 기)

54

다음 漢字語(한자어)의 讀音(독음)을 보기에서 골라 쓰세요.

| ㉠ 춘하추동 | ㉡ 공기 | ㉢ 공중전 | ㉣ 한국어 | ㉤ 수평선 |

① 봄, 여름, 가을, 겨울을 <u>春夏秋冬</u>이라고 합니다.　(　　)
② 우리나라 말을 <u>韓國語</u>라고 합니다.　(　　)
③ 공군이 하늘에서 싸우는 것을 <u>空中戰</u>이라고 합니다.　(　　)
④ 바닷가에서는 <u>水平線</u>이 멀리 보입니다.　(　　)

답
① ㉠ 춘하추동(봄 춘, 여름 하, 가을 추, 겨울 동)　② ㉣ 한국어(나라 한, 나라 국, 말씀 어)
③ ㉢ 공중전(빌 공, 가운데 중, 싸울 전)　④ ㉤ 수평선(물 수, 평평할 평, 줄 선)

55

다음 밑줄 친 단어의 漢字(한자)를 보기에서 골라 쓰세요.

| ㉠ 自然 | ㉡ 子女 | ㉢ 住民 | ㉣ 西海 | ㉤ 生日 |

① 내 생일은 8월 5일입니다. (　　)
② 부모들은 자녀가 튼튼하게 자라기를 바랍니다. (　　)
③ 주민들은 하나로 뭉쳐 어려움을 극복하였습니다. (　　)
④ 서해에는 염전이 많습니다. (　　)
⑤ 자연시간에 실험을 하였습니다. (　　)

답
① ㉢ 生日(날 생, 날 일)　② ㉡ 子女(아들 자, 여자 녀)　③ ㉣ 住民(살 주, 백성 민)　④ ㉤ 西海(서녘 서, 바다 해)　⑤ ㉠ 自然(스스로 자, 그럴 연)

56

다음 漢字語(한자어)의 讀音(독음)을 보기에서 골라 쓰세요.

| ㉠ 전철차 | ㉡ 목공소 | ㉢ 중학교 | ㉣ 전동차 | ㉤ 외삼촌 |

① 木工所에서 책상을 만듭니다. (　　)
② 中學校에 가면 공부할 것이 더 많아집니다. (　　)
③ 外三寸댁에 가면 사촌 동생이 나를 반깁니다. (　　)
④ 서울에는 電動車가 있어서 교통이 편리합니다. (　　)

답
① ㉡ 목공소(나무 목, 장인 공, 바 소)　② ㉢ 중학교(가운데 중, 배울 학, 학교 교)　③ ㉤ 외삼촌(바깥 외, 석 삼, 마디 촌)　④ ㉣ 전동차(전기 전, 움직일 동, 수레 차)

57

다음 밑줄 친 단어의 漢字(한자)를 보기에서 골라 쓰세요.

| ㉠ 食事 | ㉡ 東海 | ㉢ 洞里 | ㉣ 全國 | ㉤ 農村 | ㉥ 山村 |

① 오늘은 전국에 비가 내렸습니다. (　　)
② 동리마다 보름달이 떴습니다. (　　)
③ 산촌은 해가 빨리 집니다. (　　)
④ 동해에는 섬이 두 개 있습니다. (　　)
⑤ 식사시간에 떠들지 않고 골고루 먹습니다. (　　)

답
① ㉣ 全國(온전할 전, 나라 국)　② ㉢ 洞里(마을 동, 마을 리)　③ ㉥ 山村(뫼 산, 마을 촌)　④ ㉡ 東海(동녘 동, 바다 해)　⑤ ㉠ 食事(먹을 식, 일 사)

58

다음 漢字語(한자어)의 讀音(독음)을 보기에서 골라 쓰세요.

| ㉠ 하수도 | ㉡ 동서남북 | ㉢ 산전수전 | ㉣ 상수도 | ㉤ 공명정대 |

① <u>上水道</u>에서 나온 물은 깨끗합니다. ( )
② <u>東西南北</u>을 사방이라고 합니다. ( )
③ 세상의 온갖 고생을 겪은 것을 <u>山戰水戰</u> 다 겪었다고 합니다. ( )
④ 마음이 공평하고 바른 것을 <u>公明正大</u>라고 합니다. ( )

답
① ㉣ 상수도(위 상, 물 수, 길 도) ② ㉡ 동서남북(동녘 동, 서녘 서, 남녘 남, 북녘 북) ③ ㉢ 산전수전(뫼 산, 싸울 전, 물 수, 싸울 전) ④ ㉤ 공명정대(공변될 공, 밝을 명, 바를 정, 큰 대)

59

다음 밑줄 친 단어의 漢字(한자)를 보기에서 골라 쓰세요.

| ㉠ 夕陽 | ㉡ 姓名 | ㉢ 農夫 | ㉣ 市場 | ㉤ 自動車 |

① <u>석양</u>은 아름답습니다. ( )
② <u>시장</u>에서 물건을 사고 팝니다. ( )
③ <u>자동차</u>는 차도로 다닙니다. ( )
④ <u>농부</u>들이 열심히 일을 합니다. ( )
⑤ <u>성명</u>은 한자로 쓸 줄 알아야 합니다. ( )

답
① ㉠ 夕陽(저녁 석, 볕 양) ② ㉣ 市場(저자 시, 마당 장) ③ ㉤ 自動車(스스로 자, 움직일 동, 수레 차) ④ ㉢ 農夫(농사 농, 지아비·남편 부) ⑤ ㉡ 姓名(성씨 성, 이름 명)

60

다음 漢字語(한자어)의 讀音(독음)을 보기에서 골라 쓰세요.

| ㉠ 활화산 | ㉡ 자문자답 | ㉢ 의식주 | ㉣ 공사장 | ㉤ 휴화산 |

① <u>工事場</u>에서 열심히 일하는 아저씨들이 있습니다. ( )
② 자기가 묻고 자기가 대답하는 것을 <u>自問自答</u>이라고 합니다. ( )
③ <u>衣食住</u>가 잘 갖추어져야 살아가기에 편리합니다. ( )
④ 화산이 폭발하면 <u>活火山</u>입니다. ( )

답
① ㉣ 공사장(장인 공, 일 사, 마당 장)   ② ㉡ 자문자답(스스로 자, 물을 문, 스스로 자, 대답할 답)   ③ ㉢ 의식주(옷 의, 먹을 식, 살 주)   ④ ㉠ 활화산(살 활, 불 화, 뫼 산)

61

다음 밑줄 친 단어의 漢字(한자)를 보기에서 골라 쓰세요.

㉠ 住所   ㉡ 登山   ㉢ 電話   ㉣ 江村   ㉤ 出入

① <u>전화</u>는 편리합니다.   (   )
② 일요일에 <u>등산</u>하였습니다.   (   )
③ 편지를 보낼 때 <u>주소</u>를 꼭 써야 합니다.   (   )
④ 강 옆의 마을을 <u>강촌</u>이라고 합니다.   (   )
⑤ 문을 <u>출입</u>할 때는 열고 닫기를 반드시 공손히 해야 합니다.   (   )

답
① ㉢ 電話(전기 전, 말할 화)   ② ㉡ 登山(오를 등, 뫼 산)   ③ ㉠ 住所(살 주, 바 소)   ④ ㉣ 江村(강 강, 마을 촌)   ⑤ ㉤ 出入(날 출, 들 입)

한자훈음

62

다음 漢字(한자)의 訓(훈)과 音(음)을 쓰세요.

① 江 (   )   ② 生 (   )   ③ 口 (   )
④ 夕 (   )   ⑤ 市 (   )   ⑥ 年 (   )
⑦ 有 (   )   ⑧ 全 (   )   ⑨ 火 (   )
⑩ 百 (   )   ⑪ 水 (   )   ⑫ 來 (   )
⑬ 足 (   )   ⑭ 木 (   )   ⑮ 土 (   )
⑯ 未 (   )   ⑰ 平 (   )   ⑱ 川 (   )
⑲ 心 (   )

답
① 강 강   ② 날 생   ③ 입 구   ④ 저녁 석   ⑤ 저자 시   ⑥ 해 년   ⑦ 있을 유   ⑧ 온전할 전
⑨ 불 화   ⑩ 일백 백   ⑪ 물 수   ⑫ 올 래(내)   ⑬ 발 족   ⑭ 나무 목   ⑮ 흙 토   ⑯ 아닐 미
⑰ 평평할 평   ⑱ 내 천   ⑲ 마음 심

63

다음 (   ) 안에 들어갈 漢字(한자)를 보기에서 골라 쓰세요.

㉠ 活	㉡ 然	㉢ 地	㉣ 動	㉤ 算
㉥ 記	㉦ 室	㉧ 植	㉨ 夏	㉩ 答

① 기록할 기 (　　) ② 여름 하 (　　) ③ 따(땅) 지 (　　)
④ 심을 식 (　　) ⑤ 대답 답 (　　) ⑥ 셈 산 (　　)
⑦ 살 활 (　　) ⑧ 그럴 연 (　　) ⑨ 움직일 동 (　　)
⑩ 집 실 (　　)

답
① ㉥記 ② ㉨夏 ③ ㉢地 ④ ㉧植 ⑤ ㉩答 ⑥ ㉤算 ⑦ ㉠活 ⑧ ㉡然 ⑨ ㉣動 ⑩ ㉦室

64

다음 漢字(한자)의 訓(훈)과 音(음)을 쓰세요.

① 校 (　　) ② 韓 (　　) ③ 萬 (　　)
④ 年 (　　) ⑤ 長 (　　) ⑥ 先 (　　)
⑦ 生 (　　) ⑧ 白 (　　) ⑨ 靑 (　　)
⑩ 外 (　　)

답
① 학교 교 ② 나라 한 ③ 일만 만 ④ 해 년 ⑤ 길 장 ⑥ 먼저 선 ⑦ 날 생 ⑧ 흰 백 ⑨ 푸를 청 ⑩ 바깥 외

65

다음 (　) 안에 들어갈 漢字(한자)를 보기에서 골라 쓰세요.

㉠ 中	㉡ 小	㉢ 一	㉣ 二	㉤ 七
㉥ 八	㉦ 民	㉧ 金	㉨ 女	㉩ 室

① 성 김 (　　) ② 두 이 (　　) ③ 한 일 (　　)
④ 작을 소 (　　) ⑤ 백성 민 (　　) ⑥ 계집 녀 (　　)
⑦ 집 실 (　　) ⑧ 일곱 칠 (　　) ⑨ 가운데 중 (　　)
⑩ 여덟 팔 (　　)

답
① ㉧金 ② ㉣二 ③ ㉢一 ④ ㉡小 ⑤ ㉦民 ⑥ ㉨女 ⑦ ㉩室 ⑧ ㉤七 ⑨ ㉠中 ⑩ ㉥八

66

다음 밑줄 친 단어와 같은 뜻을 가진 漢字(한자)를 보기에서 골라 쓰세요.

| ㉠ 兄 | ㉡ 母 | ㉢ 弟 | ㉣ 父 | ㉤ 三寸 | ㉥ 金 |

지난 ①<u>금</u>요일에 우리 집 식구 ②<u>아버지</u>, ③<u>어머니</u>, ④<u>형</u>, ⑤<u>아우</u> 그리고 나, 모두가 산에 올라갔습니다.

① (   )　　　② (   )　　　③ (   )
④ (   )　　　⑤ (   )

답 ① ㉥ (쇠 금)　② ㉣ (아비 부)　③ ㉡ (어미 모)　④ ㉠ (맏 형)　⑤ ㉢ (아우 제)

67

다음 밑줄 친 단어 중 공통되는 漢字(한자)를 보기에서 고르세요.

| ㉠ 校 | ㉡ 生 | ㉢ 學 | ㉣ 敎 |

(1) ① 우리 <u>학교</u>는 강남에 있습니다.
　　② <u>학생</u>들이 즐겁게 공부합니다.　　　　　　　　　　(   )
(2) ① 학생들이 <u>교실</u>에서 그림을 그리고 있습니다.
　　② 어린이 <u>교육</u>에서 국어가 가장 중요합니다.　　　　(   )

답 (1) ㉢ 學(學校 : 배울 학, 학교 교, 學生 : 배울 학, 날 생)　(2) ㉣ 敎(敎室 : 가르칠 교, 집 실, 敎育 : 가르칠 교, 기를 육)

68

다음 漢字(한자)의 訓(훈)과 音(음)을 쓰세요.

① 學 (   )　　② 年 (   )　　③ 門 (   )
④ 東 (   )　　⑤ 安 (   )　　⑥ 先 (   )
⑦ 正 (   )　　⑧ 世 (   )　　⑨ 全 (   )
⑩ 平 (   )　　⑪ 兄 (   )　　⑫ 市 (   )
⑬ 中 (   )　　⑭ 後 (   )　　⑮ 北 (   )
⑯ 校 (   )　　⑰ 面 (   )　　⑱ 寸 (   )

⑲ 夫 (   )   ⑳ 來 (   )

답
① 배울 학 ② 해 년 ③ 문 문 ④ 동녘 동 ⑤ 편안할 안 ⑥ 먼저 선 ⑦ 바를 정 ⑧ 세상 세 ⑨ 온전할 전 ⑩ 평평할 평 ⑪ 맏 형 ⑫ 저자 시 ⑬ 가운데 중 ⑭ 뒤 후 ⑮ 북녘 북 ⑯ 학교 교 ⑰ 낯 면 ⑱ 마디 촌 ⑲ 지아비 부 ⑳ 올 래(내)

69

다음 (   ) 안에 들어갈 漢字(한자)를 보기에서 골라 쓰세요.

| ㉠ 便 | ㉡ 春 | ㉢ 然 | ㉣ 語 | ㉤ 育 | ㉥ 夏 |
| ㉦ 弟 | ㉧ 室 | ㉨ 紙 | ㉩ 休 | ㉪ 話 | ㉫ 長 |

① 아우 제 (   )   ② 말씀 어 (   )   ③ 봄 춘 (   )
④ 여름 하 (   )   ⑤ 쉴 휴 (   )   ⑥ 그럴 연 (   )
⑦ 긴 장 (   )   ⑧ 편할 편 (   )   ⑨ 기를 육 (   )
⑩ 종이 지 (   )

답
① ㉦ 弟 ② ㉣ 語 ③ ㉡ 春 ④ ㉥ 夏 ⑤ ㉩ 休 ⑥ ㉢ 然 ⑦ ㉫ 長 ⑧ ㉠ 便 ⑨ ㉤ 育 ⑩ ㉨ 紙

70

다음 漢字(한자)의 訓(훈)과 音(음)을 쓰세요.

① 寸 (   )   ② 萬 (   )   ③ 靑 (   )
④ 外 (   )   ⑤ 王 (   )   ⑥ 中 (   )
⑦ 年 (   )   ⑧ 金 (   )   ⑨ 校 (   )
⑩ 先 (   )   ⑪ 三 (   )

답
① 마디 촌 ② 일만 만 ③ 푸를 청 ④ 바깥 외 ⑤ 임금 왕 ⑥ 가운데 중 ⑦ 해 년 ⑧ 쇠 금(성 김) ⑨ 학교 교 ⑩ 먼저 선 ⑪ 석 삼

71

다음 (   ) 안에 들어갈 漢字(한자)를 보기에서 골라 쓰세요.

| ㉠ 白 | ㉡ 女 | ㉢ 二 | ㉣ 五 | ㉤ 小 |
| ㉥ 長 | ㉦ 兄 | ㉧ 弟 | ㉨ 敎 | ㉩ 八 |

① 계집 녀　（　）　② 여덟 팔　（　）　③ 다섯 오　（　）
④ 긴 장　　（　）　⑤ 형 형　　（　）　⑥ 작을 소　（　）
⑦ 가르칠 교（　）　⑧ 아우 제　（　）　⑨ 두 이　　（　）
⑩ 흰 백　　（　）

>답
① ㉡ 女　② ㉗ 八　③ ㉣ 五　④ ㉥ 長　⑤ ㉧ 兄　⑥ ㉤ 小　⑦ ㉨ 教　⑧ ㉢ 弟　⑨ ㉠ 二
⑩ ㉠ 白

72

다음 (　) 안에 알맞은 말을 보기에서 고르세요.

| ㉠ 아홉 | ㉡ 여섯 | ㉢ 넷 | ㉣ 일곱 |

① 四（　）　　② 七（　）　　③ 六（　）
④ 九（　）

>답
① ㉢ (넉 사)　② ㉣ (일곱 칠)　③ ㉡ (여섯 육)　④ ㉠ (아홉 구)

73

다음 (1)과 (2) 문장 ①②의 밑줄 친 낱말의 뜻에 두루 어울리는 한자는 어느 것인가를 보기에서 골라 그 번호를 쓰세요.

| ㉠ 軍 | ㉡ 國 | ㉢ 長 | ㉣ 年 |

(1) ① 우리<u>나라</u> 국기는 태극기입니다.
　　② <u>나라</u>를 사랑하는 사람을 애국자라고 합니다.　　　　　　（　　）
(2) ① 우리들은 <u>어른</u>을 존경합니다.
　　② 학교의 <u>어른</u>은 교장선생님입니다.　　　　　　　　　　　（　　）

>답
(1) ㉡ 國(나라 국)　(2) ㉢ 長(어른 장, 긴 장)

74

다음 漢字(한자)의 訓(훈)과 音(음)을 쓰세요.

① 父（　　）　　② 色（　　）　　③ 歌（　　）

④ 事 (　　　)　　⑤ 室 (　　　)　　⑥ 白 (　　　)
⑦ 話 (　　　)　　⑧ 空 (　　　)　　⑨ 間 (　　　)
⑩ 山 (　　　)　　⑪ 重 (　　　)　　⑫ 物 (　　　)
⑬ 海 (　　　)　　⑭ 木 (　　　)　　⑮ 萬 (　　　)
⑯ 立 (　　　)　　⑰ 村 (　　　)　　⑱ 少 (　　　)
⑲ 川 (　　　)　　⑳ 問 (　　　)　　㉑ 林 (　　　)
㉒ 時 (　　　)　　㉓ 工 (　　　)　　㉔ 年 (　　　)
㉕ 花 (　　　)　　㉖ 平 (　　　)　　㉗ 直 (　　　)
㉘ 金 (　　　)　　㉙ 有 (　　　)　　㉚ 草 (　　　)

답
① 아비 부 ② 빛깔 색 ③ 노래 가 ④ 일 사 ⑤ 집 실 ⑥ 흰 백 ⑦ 말씀 화 ⑧ 빌 공 ⑨ 사이 간 ⑩ 뫼 산 ⑪ 무거울 중 ⑫ 만물 물 ⑬ 바다 해 ⑭ 나무 목 ⑮ 일만 만 ⑯ 설 입 ⑰ 마을 촌 ⑱ 적을 소 ⑲ 내 천 ⑳ 물을 문 ㉑ 수풀 림 ㉒ 때 시 ㉓ 장인 공 ㉔ 해 년 ㉕ 꽃 화 ㉖ 평평할 평 ㉗ 곧을 직 ㉘ 쇠 금(성 김) ㉙ 있을 유 ㉚ 풀 초

75

다음 漢字(한자)의 訓(훈)과 音(음)을 쓰세요.

① 女 (　　　)　　② 木 (　　　)　　③ 東 (　　　)
④ 父 (　　　)　　⑤ 四 (　　　)　　⑥ 外 (　　　)
⑦ 長 (　　　)　　⑧ 入 (　　　)　　⑨ 王 (　　　)
⑩ 寸 (　　　)

답
① 여자 여(녀) ② 나무 목 ③ 동녘 동 ④ 아비 부 ⑤ 넉 사 ⑥ 바깥 외 ⑦ 긴 장 ⑧ 들 입 ⑨ 임금 왕 ⑩ 마디 촌

76

다음 (　　) 안에 들어갈 漢字(한자)를 보기에서 골라 쓰세요.

| ㉠ 軍 | ㉡ 南 | ㉢ 年 | ㉣ 六 | ㉤ 十 |
| ㉥ 白 | ㉦ 萬 | ㉧ 靑 | ㉨ 中 | ㉩ 小 |

① 여섯 륙 (　　　)　　② 해 년 (　　　)　　③ 일만 만 (　　　)
④ 군사 군 (　　　)　　⑤ 열 십 (　　　)　　⑥ 가운데 중 (　　　)
⑦ 작을 소 (　　　)　　⑧ 남녘 남 (　　　)　　⑨ 푸를 청 (　　　)
⑩ 흰 백 (　　　)

답
① ㄹ 六 ② ㄷ 年 ③ ㅅ 萬 ④ ㄱ 軍 ⑤ ㅁ 十 ⑥ ㅈ 中 ⑦ ㅊ 小 ⑧ ㄴ 南 ⑨ ㅇ 靑
⑩ ㅂ 白

77

다음 밑줄 친 낱말에 알맞은 한자를 보기에서 골라 쓰세요.

| ㉠ 國 | ㉡ 金 | ㉢ 東 | ㉣ 九 |

이번 야구시합에는 ①<u>아홉</u> ②<u>나라</u>가 참가하였습니다.
① (   )   ② (   )

답
① ㉣ 九(아홉 구) ② ㉠ 國(나라 국)

78

다음 漢字(한자)의 訓(훈)과 音(음)을 쓰세요.

① 全 (   )   ② 有 (   )   ③ 男 (   )
④ 力 (   )   ⑤ 名 (   )   ⑥ 弟 (   )
⑦ 內 (   )   ⑧ 出 (   )   ⑨ 立 (   )
⑩ 寸 (   )   ⑪ 下 (   )   ⑫ 江 (   )
⑬ 主 (   )   ⑭ 道 (   )   ⑮ 川 (   )
⑯ 來 (   )

답
① 온전할 전 ② 있을 유 ③ 사내 남 ④ 힘 력 ⑤ 이름 명 ⑥ 아우 제 ⑦ 안 내 ⑧ 날 출
⑨ 설 입 ⑩ 마디 촌 ⑪ 아래 하 ⑫ 강 강 ⑬ 주인 주 ⑭ 길 도 ⑮ 내 천 ⑯ 올 래

79

다음 (   ) 안에 들어갈 단어를 보기에서 고르세요.

ⓐ 농사	ⓑ 평지	ⓒ 조부	ⓓ 매년	ⓔ 대한
ⓕ 읍민	ⓖ 가수	ⓗ 공군	ⓘ 자연	ⓙ 왕명
ⓚ 주소	ⓛ 시장	ⓜ 동물	ⓝ 칠석	ⓞ 교기

① 自然 (   )   ② 歌手 (   )   ③ 祖父 (   )
④ 校旗 (   )   ⑤ 大韓 (   )   ⑥ 住所 (   )

⑦ 市長 (   )   ⑧ 邑民 (   )   ⑨ 空軍 (   )
⑩ 平地 (   )   ⑪ 王命 (   )   ⑫ 農事 (   )
⑬ 動物 (   )   ⑭ 每年 (   )   ⑮ 七夕 (   )

답

① ⓘ 자연(스스로 자, 그럴 연) ② ⓖ 가수(노래 가, 손 수) ③ ⓒ 조부(할아버지 조, 아비 부) ④ ⓞ 교기(학교 교, 기 기) ⑤ ⓔ 대한(큰 대, 나라 한) ⑥ ⓚ 주소(살 주, 바 소) ⑦ ⓛ 시장(저자 시, 어른·긴 장) ⑧ ⓕ 읍민(고을 읍, 백성 민) ⑨ ⓗ 공군(빌·하늘 공, 군사 군) ⑩ ⓑ 평지(평평할 평, 땅 지) ⑪ ⓙ 왕명(임금 왕, 목숨 명) ⑫ ⓐ 농사(농사 농, 일 사) ⑬ ⓜ 동물(움직일 동, 만물 물) ⑭ ⓓ 매년(매양 매, 해 년) ⑮ ⓝ 칠석(일곱 칠, 저녁 석)

80

다음 漢字(한자)의 訓(훈)과 音(음)을 쓰세요.

① 大 (   )   ② 韓 (   )   ③ 民 (   )
④ 國 (   )   ⑤ 萬 (   )   ⑥ 年 (   )
⑦ 先 (   )   ⑧ 生 (   )   ⑨ 三 (   )
⑩ 長 (   )

답

① 큰 대 ② 나라 한 ③ 백성 민 ④ 나라 국 ⑤ 일만 만 ⑥ 해 년 ⑦ 먼저 선 ⑧ 날 생 ⑨ 석 삼 ⑩ 긴 장

81

다음 (   ) 안에 들어갈 漢字(한자)를 보기에서 골라 쓰세요.

| ㉠ 白 | ㉡ 女 | ㉢ 軍 | ㉣ 金 | ㉤ 四 | ㉥ 中 |
| ㉦ 一 | ㉧ 二 | ㉨ 三 | ㉩ 小 | ㉪ 五 | ㉫ 外 |

① 바깥 외 (   )   ② 흰 백 (   )   ③ 한 일 (   )
④ 계집 녀 (   )   ⑤ 두 이 (   )   ⑥ 군사 군 (   )

답

① ㉫ 外 ② ㉠ 白 ③ ㉦ 一 ④ ㉡ 女 ⑤ ㉧ 二 ⑥ ㉢ 軍

82

다음 漢字(한자)의 訓(훈)과 音(음)을 쓰세요.

① 家 (   )   ② 名 (   )   ③ 口 (   )

④ 育 (　　)　　⑤ 立 (　　)　　⑥ 八 (　　)
⑦ 休 (　　)　　⑧ 春 (　　)　　⑨ 祖 (　　)
⑩ 世 (　　)　　⑪ 不 (　　)　　⑫ 林 (　　)
⑬ 自 (　　)　　⑭ 所 (　　)　　⑮ 人 (　　)
⑯ 紙 (　　)　　⑰ 住 (　　)　　⑱ 邑 (　　)
⑲ 登 (　　)　　⑳ 旗 (　　)

답 ① 집 가 ② 이름 명 ③ 입 구 ④ 기를 육 ⑤ 설 립 ⑥ 들 입 ⑦ 쉴 휴 ⑧ 봄 춘 ⑨ 할아버지 조 ⑩ 세상 세 ⑪ 아니 불 ⑫ 수풀 림 ⑬ 스스로 자 ⑭ 바 소 ⑮ 사람 인 ⑯ 종이 지 ⑰ 살 주 ⑱ 고을 읍 ⑲ 오를 등 ⑳ 기 기

83

다음 (　　) 안에 들어갈 漢字(한자)를 보기에서 골라 쓰세요.

㉠ 歌	㉡ 冬	㉢ 每	㉣ 姓	㉤ 靑
㉥ 字	㉦ 活	㉧ 十	㉨ 火	㉩ 算

① 불 화　(　　)　　② 겨울 동 (　　)　　③ 글자 자 (　　)
④ 매양 매 (　　)　　⑤ 살 활　(　　)　　⑥ 성 성　(　　)
⑦ 노래 가 (　　)　　⑧ 셈 산　(　　)　　⑨ 열 십　(　　)
⑩ 푸를 청 (　　)

답 ① ㉨ 火 ② ㉡ 冬 ③ ㉥ 字 ④ ㉢ 每 ⑤ ㉦ 活 ⑥ ㉣ 姓 ⑦ ㉠ 歌 ⑧ ㉩ 算 ⑨ ㉧ 十 ⑩ ㉤ 靑

84

다음 (　　) 안에 들어갈 한자를 보기에서 골라 쓰세요.

㉠ 白	㉡ 室	㉢ 國	㉣ 外	㉤ 靑
㉥ 長	㉦ 寸	㉧ 學	㉨ 敎	㉩ 中
㉪ 弟	㉫ 人	㉬ 小		

① 배울 학 (　　)　　② 사람 인　(　　)　　③ 바깥 외　(　　)
④ 나라 국 (　　)　　⑤ 가르칠 교 (　　)　　⑥ 푸를 청　(　　)
⑦ 작을 소 (　　)　　⑧ 흰 백　　(　　)　　⑨ 가운데 중 (　　)
⑩ 긴 장　(　　)

답

① ㉠ 學 ② ㉤ 人 ③ ㉣ 外 ④ ㉢ 國 ⑤ ㉨ 敎 ⑥ ㉡ 靑 ⑦ ㉦ 小 ⑧ ㉠ 白 ⑨ ㉧ 中
⑩ ㉥ 長

85

다음 漢字(한자)의 訓(훈)과 音(음)을 쓰세요.

① 二 (　　　)　　② 三 (　　　)　　③ 四 (　　　)
④ 五 (　　　)　　⑤ 六 (　　　)　　⑥ 七 (　　　)
⑦ 八 (　　　)　　⑧ 九 (　　　)　　⑨ 十 (　　　)
⑩ 父 (　　　)　　⑪ 火 (　　　)　　⑫ 水 (　　　)
⑬ 木 (　　　)

답

① 두 이 ② 석 삼 ③ 넉 사 ④ 다섯 오 ⑤ 여섯 육 ⑥ 일곱 칠 ⑦ 여덟 팔 ⑧ 아홉 구
⑨ 열 십 ⑩ 아비 부 ⑪ 불 화 ⑫ 물 수 ⑬ 나무 목

86

다음 漢字(한자)의 訓(훈)과 音(음)을 쓰세요.

① 歌 (　　　)　　② 物 (　　　)　　③ 名 (　　　)
④ 旗 (　　　)　　⑤ 白 (　　　)　　⑥ 每 (　　　)
⑦ 來 (　　　)　　⑧ 育 (　　　)　　⑨ 算 (　　　)
⑩ 姓 (　　　)　　⑪ 所 (　　　)　　⑫ 數 (　　　)
⑬ 邑 (　　　)　　⑭ 全 (　　　)　　⑮ 祖 (　　　)
⑯ 紙 (　　　)　　⑰ 直 (　　　)　　⑱ 夏 (　　　)
⑲ 住 (　　　)　　⑳ 話 (　　　)

답

① 노래 가 ② 만물 물 ③ 이름 명 ④ 기 기 ⑤ 흰 백 ⑥ 매양 매 ⑦ 올 래 ⑧ 기를 육
⑨ 셈 산 ⑩ 성 성 ⑪ 바 소 ⑫ 셈 수 ⑬ 고을 읍 ⑭ 온전할 전 ⑮ 할아버지 조 ⑯ 종이 지 ⑰ 곧을 직 ⑱ 여름 하 ⑲ 살 주 ⑳ 말씀 화

87

다음 (　　) 안에 들어갈 漢字(한자)를 보기에서 골라 쓰세요.

| ㉠ 家 | ㉡ 九 | ㉢ 三 | ㉣ 內 | ㉤ 立 |
| ㉥ 文 | ㉦ 色 | ㉧ 世 | ㉨ 然 | ㉩ 便 |

① 아홉 구 (　　) ② 안 내 (　　) ③ 글월 문 (　　)
④ 인간 세 (　　) ⑤ 설 립 (　　) ⑥ 그럴 연 (　　)
⑦ 석 삼 (　　) ⑧ 집 가 (　　) ⑨ 빛 색 (　　)
⑩ 편할 편 (　　)

답
① ㉡ 九 ② ㉣ 內 ③ ㉥ 文 ④ ㉢ 世 ⑤ ㉤ 立 ⑥ ㉦ 然 ⑦ ㉣ 三 ⑧ ㉠ 家 ⑨ ㉧ 色
⑩ ㉦ 便

88

다음 (　) 안에 들어갈 漢字(한자)를 보기에서 골라 쓰세요.

| ㉠ 育 | ㉡ 夏 | ㉢ 洞 | ㉣ 活 | ㉤ 直 |
| ㉥ 花 | ㉦ 記 | ㉧ 語 | ㉨ 算 | |

① 곧을 직 (　　) ② 기록할 기 (　　) ③ 기를 육 (　　)
④ 셈 산 (　　) ⑤ 여름 하 (　　) ⑥ 꽃 화 (　　)
⑦ 살 활 (　　) ⑧ 말씀 어 (　　) ⑨ 골 동 (　　)

답
① ㉤ 直 ② ㉦ 記 ③ ㉠ 育 ④ ㉨ 算 ⑤ ㉡ 夏 ⑥ ㉥ 花 ⑦ ㉣ 活 ⑧ ㉧ 語 ⑨ ㉢ 洞

89

다음 (　) 안에 들어갈 내용을 보기에서 골라 쓰세요.

| ㉠ 임금 | ㉡ 촌 | ㉢ 목 | ㉣ 마디 | ㉤ 나무 | ㉥ 왕 |

① 木은 (　　)라는 뜻입니다.
② 木은 (　　)이라고 읽습니다.
③ 寸은 (　　)라는 뜻입니다.
④ 寸은 (　　)이라고 읽습니다.
⑤ 王은 (　　)이라는 뜻입니다.
⑥ 王은 (　　)이라고 읽습니다.

답
① ㉤ ② ㉢ ③ ㉣ ④ ㉡ ⑤ ㉠ ⑥ ㉥

90

다음 ①과 ② 문장의 밑줄 친 낱말에 공통적으로 어울리는 漢字(한자)는 어느 것인가, 보기에서 골라 그 번호를 쓰세요.

| ㉠ 四 | ㉡ 白 | ㉢ 水 | ㉣ 土 |

① 기영이는 풀들이 사는 물가로 나왔습니다.
② 냇(물)이 졸졸졸 노래하며 흐르고 있습니다.   (   )

답
　　㉢ 水(물 수)

91

다음 (   ) 안에 들어갈 漢字(한자)를 보기에서 골라 쓰세요.

| ㉠ 九 | ㉡ 八 | ㉢ 六 | ㉣ 十 | ㉤ 七 |

① 아홉 구 (   )　　② 일곱 칠 (   )　　③ 여덟 팔 (   )
④ 여섯 육 (   )　　⑤ 열 십 (   )

답
　　① ㉠ 九　② ㉤ 七　③ ㉡ 八　④ ㉢ 六　⑤ ㉣ 十

92

다음 漢字(한자)의 訓(훈)과 音(음)을 쓰세요.

① 校 (   )　　② 敎 (   )　　③ 九 (   )
④ 國 (   )　　⑤ 軍 (   )　　⑥ 金 (   )
⑦ 南 (   )　　⑧ 女 (   )　　⑨ 年 (   )
⑩ 大 (   )　　⑪ 東 (   )　　⑫ 六 (   )
⑬ 萬 (   )　　⑭ 母 (   )　　⑮ 木 (   )
⑯ 門 (   )　　⑰ 民 (   )　　⑱ 白 (   )
⑲ 北 (   )　　⑳ 父 (   )　　㉑ 四 (   )
㉒ 山 (   )　　㉓ 三 (   )　　㉔ 生 (   )
㉕ 西 (   )　　㉖ 先 (   )　　㉗ 小 (   )
㉘ 水 (   )　　㉙ 室 (   )　　㉚ 十 (   )
㉛ 五 (   )　　㉜ 王 (   )　　㉝ 外 (   )
㉞ 月 (   )　　㉟ 二 (   )　　㊱ 人 (   )
㊲ 一 (   )　　㊳ 日 (   )　　㊴ 長 (   )
㊵ 弟 (   )　　㊶ 中 (   )　　㊷ 靑 (   )

㊸ 寸 (　　　) ㊹ 七 (　　　) ㊺ 土 (　　　)
㊻ 八 (　　　) ㊼ 學 (　　　) ㊽ 韓 (　　　)
㊾ 兄 (　　　) ㊿ 火 (　　　) (51) 家 (　　　)
(52) 歌 (　　　) (53) 間 (　　　) (54) 江 (　　　)
(55) 車 (　　　) (56) 工 (　　　) (57) 空 (　　　)
(58) 口 (　　　) (59) 氣 (　　　) (60) 記 (　　　)
(61) 旗 (　　　) (62) 男 (　　　) (63) 內 (　　　)
(64) 農 (　　　) (65) 答 (　　　) (66) 道 (　　　)
(67) 冬 (　　　) (68) 動 (　　　) (69) 同 (　　　)
(70) 洞 (　　　) (71) 登 (　　　) (72) 來 (　　　)
(73) 力 (　　　) (74) 老 (　　　) (75) 里 (　　　)
(76) 林 (　　　) (77) 立 (　　　) (78) 每 (　　　)
(79) 面 (　　　) (80) 名 (　　　) (81) 命 (　　　)
(82) 文 (　　　) (83) 問 (　　　) (84) 物 (　　　)
(85) 方 (　　　) (86) 放 (　　　) (87) 百 (　　　)
(88) 夫 (　　　) (89) 分 (　　　) (90) 不 (　　　)
(91) 事 (　　　) (92) 算 (　　　) (93) 上 (　　　)
(94) 色 (　　　) (95) 夕 (　　　) (96) 姓 (　　　)
(97) 世 (　　　) (98) 所 (　　　) (99) 少 (　　　)
(100) 數 (　　　) (101) 手 (　　　) (102) 時 (　　　)
(103) 市 (　　　) (104) 食 (　　　) (105) 植 (　　　)
(106) 心 (　　　) (107) 安 (　　　) (108) 語 (　　　)
(109) 然 (　　　) (110) 午 (　　　) (111) 右 (　　　)
(112) 有 (　　　) (113) 育 (　　　) (114) 邑 (　　　)
(115) 入 (　　　) (116) 自 (　　　) (117) 子 (　　　)
(118) 字 (　　　) (119) 場 (　　　) (120) 前 (　　　)
(121) 全 (　　　) (122) 電 (　　　) (123) 正 (　　　)
(124) 朝 (　　　) (125) 祖 (　　　) (126) 足 (　　　)
(127) 左 (　　　) (128) 主 (　　　) (129) 住 (　　　)
(130) 重 (　　　) (131) 地 (　　　) (132) 紙 (　　　)
(133) 直 (　　　) (134) 天 (　　　) (135) 川 (　　　)
(136) 千 (　　　) (137) 草 (　　　) (138) 村 (　　　)
(139) 秋 (　　　) (140) 春 (　　　) (141) 出 (　　　)
(142) 便 (　　　) (143) 平 (　　　) (144) 下 (　　　)
(145) 夏 (　　　) (146) 漢 (　　　) (147) 海 (　　　)
(148) 花 (　　　) (149) 話 (　　　) (150) 活 (　　　)

⑮ 後 (   )　　　⑯ 休 (   )　　　⑱ 孝 (   )

답

① 校(학교 교) ② 敎(가르칠 교) ③ 九(아홉 구) ④ 國(나라 국) ⑤ 軍(군사 군) ⑥ 金(쇠 금, 성 김) ⑦ 南(남녘 남) ⑧ 女(계집 녀) ⑨ 年(해 년) ⑩ 大(큰 대) ⑪ 東(동녘 동) ⑫ 六(여섯 륙) ⑬ 萬(일만 만) ⑭ 母(어머니 모) ⑮ 木(나무 목) ⑯ 門(문 문) ⑰ 民(백성 민) ⑱ 白(흰 백) ⑲ 北(북녘 북) ⑳ 父(아버지 부) ㉑ 四(넉 사) ㉒ 山(뫼 산) ㉓ 三(석 삼) ㉔ 生(날 생) ㉕ 西(서녘 서) ㉖ 先(먼저 선) ㉗ 小(작을 소) ㉘ 水(물 수) ㉙ 室(방・집 실) ㉚ 十(열 십) ㉛ 五(다섯 오) ㉜ 王(임금 왕) ㉝ 外(밖 외) ㉞ 月(달 월) ㉟ 二(두 이) ㊱ 人(사람 인) ㊲ 一(한 일) ㊳ 日(날 일) ㊴ 長(긴・어른 장) ㊵ 弟(아우 제) ㊶ 中(가운데 중) ㊷ 靑(푸를 청) ㊸ 寸(마디 촌) ㊹ 七(일곱 칠) ㊺ 土(흙 토) ㊻ 八(여덟 팔) ㊼ 學(배울 학) ㊽ 韓(나라 한) ㊾ 兄(맏 형) ㊿ 火(불 화) ⑤¹ 家(집 가) ⑤² 歌(노래 가) ⑤³ 間(사이 간) ⑤⁴ 江(물・강 강) ⑤⁵ 車(수레 거, 수레 차) ⑤⁶ 工(장인 공) ⑤⁷ 空(빌 공) ⑤⁸ 口(입 구) ⑤⁹ 氣(기운 기) ⑥⁰ 記(기록할 기) ⑥¹ 旗(기 기) ⑥² 男(사내 남) ⑥³ 內(안 내) ⑥⁴ 農(농사 농) ⑥⁵ 答(대답 답) ⑥⁶ 道(길 도) ⑥⁷ 冬(겨울 동) ⑥⁸ 動(움직일 동) ⑥⁹ 同(한가지 동) ⑦⁰ 洞(골 동) ⑦¹ 登(오를 등) ⑦² 來(올 래) ⑦³ 力(힘 력) ⑦⁴ 老(늙을 로) ⑦⁵ 里(마을 리) ⑦⁶ 林(수풀 림) ⑦⁷ 立(설 립) ⑦⁸ 每(매양 매) ⑦⁹ 面(낯 면) ⑧⁰ 名(이름 명) ⑧¹ 命(명할・목숨 명) ⑧² 文(글월 문) ⑧³ 問(물을 문) ⑧⁴ 物(물건・만물 물) ⑧⁵ 方(모 방) ⑧⁶ 放(놓을 방) ⑧⁷ 百(일백 백) ⑧⁸ 夫(지아비 부) ⑧⁹ 分(나눌 분) ⑨⁰ 不(아니 불, 아니 부) ⑨¹ 事(일 사) ⑨² 算(셈 산) ⑨³ 上(위 상) ⑨⁴ 色(빛 색) ⑨⁵ 夕(저녁 석) ⑨⁶ 姓(성 성) ⑨⁷ 世(세상 세) ⑨⁸ 所(바 소) ⑨⁹ 少(적을・젊을 소) ⑩⁰ 數(셈 수) ⑩¹ 手(손 수) ⑩² 時(때 시) ⑩³ 市(저자 시) ⑩⁴ 食(밥 식) ⑩⁵ 植(심을 식) ⑩⁶ 心(마음 심) ⑩⁷ 安(편안 안) ⑩⁸ 語(말씀 어) ⑩⁹ 然(그러할 연) ⑪⁰ 午(낮 오) ⑪¹ 右(오른 우) ⑪² 有(있을 유) ⑪³ 育(기를 육) ⑪⁴ 邑(고을 읍) ⑪⁵ 入(들 입) ⑪⁶ 自(스스로 자) ⑪⁷ 子(아들 자) ⑪⁸ 字(글자 자) ⑪⁹ 場(마당 장) ⑫⁰ 前(앞 전) ⑫¹ 全(온전할 전) ⑫² 電(번개 전) ⑫³ 正(바를 정) ⑫⁴ 朝(아침 조) ⑫⁵ 祖(할아버지 조) ⑫⁶ 足(발 족) ⑫⁷ 左(왼 좌) ⑫⁸ 主(주인 주) ⑫⁹ 住(머무를 주) ⑬⁰ 重(무거울 중) ⑬¹ 地(땅 지) ⑬² 紙(종이 지) ⑬³ 直(곧을 직) ⑬⁴ 天(하늘 천) ⑬⁵ 川(내 천) ⑬⁶ 千(일천 천) ⑬⁷ 草(풀 초) ⑬⁸ 村(마을 촌) ⑬⁹ 秋(가을 추) ⑭⁰ 春(봄 춘) ⑭¹ 出(날 출) ⑭² 便(편할 편) ⑭³ 平(평평할 평) ⑭⁴ 下(아래 하) ⑭⁵ 夏(여름 하) ⑭⁶ 漢(한수 한) ⑭⁷ 海(바다 해) ⑭⁸ 花(꽃 화) ⑭⁹ 話(말씀 화) ⑮⁰ 活(살 활) ⑮¹ 後(뒤 후) ⑮² 休(쉴 휴) ⑮³ 孝(효도 효)

93

다음 漢字(한자)의 訓(훈)과 音(음)을 쓰세요.

① 六 (   )　　② 千 (   )　　③ 立 (   )
④ 海 (   )　　⑤ 旗 (   )　　⑥ 靑 (   )
⑦ 利 (   )　　⑧ 字 (   )　　⑨ 住 (   )
⑩ 面 (   )　　⑪ 後 (   )　　⑫ 漢 (   )
⑬ 花 (   )　　⑭ 平 (   )　　⑮ 休 (   )
⑯ 村 (   )　　⑰ 活 (   )　　⑱ 萬 (   )
⑲ 敎 (   )　　⑳ 學 (   )　　㉑ 時 (   )
㉒ 南 (   )　　㉓ 室 (   )　　㉔ 八 (   )
㉕ 九 (   )

답
① 六(여섯 육) ② 千(일천 천) ③ 立(설 립) ④ 海(바다 해) ⑤ 旗(기 기) ⑥ 靑(푸를 청)
⑦ 利(이로울 리) ⑧ 字(글자 자) ⑨ 住(살 주) ⑩ 面(낯 면) ⑪ 後(뒤 후) ⑫ 漢(한수 한)
⑬ 花(꽃 화) ⑭ 平(평평할 평) ⑮ 休(쉴 휴) ⑯ 村(마을 촌) ⑰ 活(살 활) ⑱ 萬(일만 만)
⑲ 敎(가르칠 교) ⑳ 學(배울 학) ㉑ 時(때 시) ㉒ 南(남녘 남) ㉓ 室(집 실) ㉔ 八(여덟 팔)
㉕ 九(아홉 구)

94

다음 ( ) 안에 들어갈 漢字(한자)를 보기에서 골라 쓰세요.

| 敎 | 大 | 東 | 孝 | 江 | 兄 | 江 | 四 | 國 |
| 校 | 春 | 生 | 白 | 月 | 女 | 後 | 軍 | |

① 동녘 동 ( )   ② 군사 군 ( )   ③ 큰 대 ( )
④ 날 생 ( )   ⑤ 강 강 ( )   ⑥ 봄 춘 ( )
⑦ 나라 국 ( )   ⑧ 달 월 ( )   ⑨ 넉 사 ( )
⑩ 뒤 후 ( )   ⑪ 효도 효 ( )   ⑫ 학교 교 ( )
⑬ 계집 녀 ( )   ⑭ 흰 백 ( )   ⑮ 맏 형 ( )

답
① 東 ② 軍 ③ 大 ④ 生 ⑤ 江 ⑥ 春 ⑦ 國 ⑧ 月 ⑨ 四 ⑩ 後 ⑪ 孝 ⑫ 校 ⑬ 女
⑭ 白 ⑮ 兄

95

다음 ( ) 안에 들어갈 漢字(한자)를 보기에서 골라 쓰세요.

| 月 | 大 | 外 | 孝 | 子 | 兄 | 金 | 南 |
| 四 | 東 | 日 | 弟 | 三 | 口 | 山 | 五 |

① 남녘 남 ( )   ② 동녘 동 ( )   ③ 뫼 산 ( )
④ 다섯 오 ( )   ⑤ 쇠 금 ( )   ⑥ 입 구 ( )
⑦ 효도 효 ( )   ⑧ 해 일 ( )   ⑨ 석 삼 ( )
⑩ 여덟 팔 ( )   ⑪ 아우 제 ( )   ⑫ 흙 토 ( )
⑬ 아들 자 ( )   ⑭ 바깥 외 ( )   ⑮ 달 월 ( )

답
① 南 ② 東 ③ 山 ④ 五 ⑤ 金 ⑥ 口 ⑦ 孝 ⑧ 日 ⑨ 三 ⑩ 八 ⑪ 弟 ⑫ 土 ⑬ 子
⑭ 外 ⑮ 月

96

다음 (   ) 안에 들어갈 漢字(한자)를 보기에서 골라 쓰세요.

| 車 | 青 | 七 | 川 | 王 | 民 | 九 | 人 |
| 百 | 校 | 六 | 金 | 女 | 日 | 女 | 南 |

① 학교 교 (   )　② 계집 녀 (   )　③ 일곱 칠 (   )
④ 남녘 남 (   )　⑤ 내 천 (   )　⑥ 아홉 구 (   )
⑦ 백성 민 (   )　⑧ 임금 왕 (   )　⑨ 사람 인 (   )
⑩ 일백 백 (   )　⑪ 날 일 (   )　⑫ 푸를 청 (   )
⑬ 쇠 금 (   )　⑭ 여섯 륙 (   )　⑮ 수레 거 (   )

답
① 校　② 女　③ 七　④ 南　⑤ 川　⑥ 九　⑦ 民　⑧ 王　⑨ 人　⑩ 白　⑪ 日　⑫ 青　⑬ 金
⑭ 六　⑮ 車

97

다음 (   ) 안에 들어갈 漢字(한자)를 보기에서 골라 쓰세요.

| 自 | 紙 | 平 | 下 | 地 | 力 | 有 | 川 |
| 千 | 林 | 出 | 命 | 冬 | 夕 | 東 | |

① 동녘 동 (   )　② 평평할 평 (   )　③ 아래 하 (   )
④ 땅 지 (   )　⑤ 힘 력 (   )　⑥ 저녁 석 (   )
⑦ 종이 지 (   )　⑧ 스스로 자 (   )　⑨ 아래 하 (   )
⑩ 있을 유 (   )　⑪ 나갈 출 (   )　⑫ 명할 명 (   )
⑬ 겨울 동 (   )　⑭ 수풀 림 (   )　⑮ 일천 천 (   )

답
① 東　② 平　③ 下　④ 地　⑤ 力　⑥ 夕　⑦ 紙　⑧ 自　⑨ 下　⑩ 有　⑪ 出　⑫ 命　⑬ 冬
⑭ 林　⑮ 千

한자어의 활용

01. 서로 뜻이 반대되거나 상대되는 한자
02. 완성형 및 한자숙어

서로 뜻이 반대되거나 상대되는 한자

서로 뜻이 반대되는 한자를 익히는 단원입니다. 그냥 뜻을 익히는 것보다 반대되거나 서로 비슷한 한자를 체크해 가며 한자를 익히는 방법이 훨씬 학습에 도움이 될 수 있으니, 一字一字 꼭 익히시기 바랍니다.

강산	江	강	강	江						
	山	뫼	산	山						

개폐	開	열	개	開						
	閉	닫을	폐	閉						

거래	去	갈	거	去						
	來	올	래	來						

경중	輕	가벼울	경	輕						
	重	무거울	중	重						

경향	京	서울	경	京						
	鄕	시골	향	鄕						

고저	高	높을	고	高						
	低	낮을	저	低						

곡직	曲	굽을	곡	曲						
	直	곧을	직	直						

공과	功	공	공	功						
	過	허물	과	過						

관민	官	벼슬	관	官						
	民	백성	민	民						

군신	君	임금	군	君						
	臣	신하	신	臣						

남녀	男	사내	남	男						
	女	계집	녀	女						

남북	南	남녘	남	南						
	北	북녘	북	北						

내왕	來	올	내	來						
	往	갈	왕	往						

내외	內	안	내	內						
	外	바깥	외	外						

노소	老	늙을	노	老						
	少	젊을	소	少						

동서	東	동녘	동	東						
	西	서녘	서	西						

동정	動	움직일	동	動						
	靜	고요할	정	靜						

득실	得	얻을	득	得						
	失	잃을	실	失						

다소	多	많을	다	多						
	少	적을	소	少						

대소	大	큰	대	大						
	小	작을	소	小						

문답	問	물을	문	問						
	答	대답할	답	答						

문무	文	글월	문	文						
	武	굳셀	무	武						

물심	物	만물(물건)	물	物						
	心	마음	심	心						

본말	本	근본	본	本						
	末	끝	말	末						

부부	夫	지아비	부	夫						
	婦	지어미	부	婦						

사생	死	죽을	사	死						
	生	날	생	生						

사제	師	스승	사	師						
	弟	제자	제	弟						

사활	死	죽을	사	死							
	活	살	활	活							

산하	山	뫼	산	山							
	河	강	하	河							

산천	山	뫼	산	山							
	川	내	천	川							

산해	山	뫼	산	山							
	海	바다	해	海							

상하	上	위	상	上							
	下	아래	하	下							

선후	先	먼저	선	先							
	後	뒤	후	後							

수화	水	물	수	水							
	火	불	화	火							

수족	手	손	수	手							
	足	발	족	足							

시비	是	이	시	是							
	非	아닐	비	非							

심신	心	마음	심	心							
	身	몸	신	身							

안위	安	편안할 안	安							
	危	위태로울 위	危							

왕래	往	갈 왕	往							
	來	올 래	來							

유무	有	있을 유	有							
	無	없을 무	無							

음양	陰	그늘 음	陰							
	陽	볕 양	陽							

이동	異	다를 이	異							
	同	같을 동	同							

인과	因	인할 인	因							
	果	결과 과	果							

일월	日	해 일	日							
	月	달 월	月							

자지	自	부터 자	自							
	至	이를 지	至							

자타	自	스스로 자	自							
	他	다를 타	他							

장단	長	길 장	長							
	短	짧을 단	短							

전후	前	앞	전	前						
	後	뒤	후	後						

조석	朝	아침	조	朝						
	夕	저녁	석	夕						

조손	祖	조상	조	祖						
	孫	후손	손	孫						

주객	主	주인	주	主						
	客	손님	객	客						

천지	天	하늘	천	天						
	地	땅	지	地						

춘추	春	봄	춘	春						
	秋	가을	추	秋						

형제	兄	맏	형	兄						
	弟	아우	제	弟						

흑백	黑	검을	흑	黑						
	白	흰	백	白						

♣ **재미있는 한자이야기 … 바지를 입고 벨트를 안 매면 '창피(猖披)'**

지금은 허리띠를 혁대(革帶)라고 부르고 있는데, 이 말은 가죽으로 두르는 띠를 말한다. 옛날에는 허리띠도 옷에 속했는지 옷 의(衣)변이 붙어 있는데, 곧 허리띠 말(袜)이나 요(襓) 등이 그것이다. 「예기(禮記)」에 '남반혁 여반사(男鞶革 女鞶絲)'라는 말이 나온다. 이는 '남자는 가죽띠를 두르고 여자는 실로 된 띠를 두른다'는 말이다. 그러나 지금은 여자들도 실로 된 허리띠를 매지 않고 대개 가죽으로 된 벨트를 찬다. 허리띠를 매지 않은 것을 무엇이라고 할까? 바로 '창피(猖披)'라고 한다. 이 창피(猖披)라는 말은 부끄러움을 나타내는 뜻으로 우리나라에서만 쓰는 말인데, '챙피'라고 하면 안 된다. '창피(猖披)'라는 말의 원래 뜻은 '옷을 입고 허리띠를 매지 않은 것'을 말하며, 창피(猖披)의 창(猖)은 미칠 창(猖)이고, 피는 입을 피(披)이다. 의복을 제대로 갖춰 입지 않은 것을 부끄럽게 생각하여 만들어진 말이다.

기출예상문제풀이

1 다음 한자어들의 상대어 또는 반대어를 보기에서 골라 그 번호를 쓰세요.

| ㉠ 下 | ㉡ 老 | ㉢ 外 | ㉣ 左 |

① 內 - (   )   ② 上 - (   )
③ 少 - (   )

정답 및 해설
1. ① ㉢ 外(內 : 안 내 ↔ 外 : 바깥 외)
   ② ㉠ 下(下 : 위 상 ↔ 下 : 아래 하)
   ③ ㉡ 老(少 : 젊을 소 ↔ 老 : 늙을 로)

2 다음 漢字語(한자어)의 상대어 또는 반의어를 골라 그 번호를 쓰세요.

| ㉠ 問 | ㉡ 天 | ㉢ 答 | ㉣ 女 |

① 男 - (   )   ② (   ) - 地

2. ① ㉣ 女(男 : 사내 남 ↔ 女 : 여자 녀)
   ② ㉡ 天(天 : 하늘 천 ↔ 地 : 땅 지)

3 다음 낱말의 반대 또는 상대되는 漢字(한자)를 보기에서 골라 번호를 쓰세요.

| ㉠ 民 | ㉡ 入 | ㉢ 男 |
| ㉣ 北 | ㉤ 東 | ㉥ 左 |

① (   ) - 西   ② 出 - (   )
③ (   ) - 右

3. ① ㉤ 東(東 : 동녘 동 ↔ 西 : 서녘 서)
   ② ㉡ 入(出 : 날 출 ↔ 入 : 들 입)
   ③ ㉥ 左(左 : 왼 좌 ↔ 右 : 오른 우)

4 뜻이 서로 반대되는 글자를 보기에서 골라 그 번호를 쓰세요.

| ㉠ 前 | ㉡ 左 | ㉢ 答 | ㉣ 北 |

4. ① ㉢ 答(問 : 물을 문 ↔ 答 : 대답할 답)
   ② ㉠ 前(前 : 앞 전 ↔ 後 : 뒤 후)
   ③ ㉡ 左(左 : 왼 좌 ↔ 右 : 오른 우)

① 問 − (　　)　　② (　　) − 後
③ (　　) − 右

5 뜻이 서로 반대되는 글자의 번호를 쓰세요.

| ㉠ 北 | ㉡ 先 | ㉢ 老 |

① (　　) − 後　　② 南 − (　　)
③ (　　) − 少

6 뜻이 서로 반대되는 글자의 번호를 쓰세요.

| ㉠ 大 | ㉡ 上 | ㉢ 東 | ㉣ 靑 | ㉤ 春 |

① 下 − (　　)　　② 西 − (　　)
③ 小 − (　　)

7 뜻이 서로 반대되는 글자를 골라 그 번호를 쓰세요.

| ㉠ 南 | ㉡ 男 | ㉢ 地 | ㉣ 山 | ㉤ 天 |
| ㉥ 午 | ㉦ 祖 | ㉧ 子 | ㉨ 多 | ㉩ 少 |

① 多 − (　　)　　② 川 − (　　)
③ 孫 − (　　)　　④ 北 − (　　)
⑤ 夜 − (　　)

8 뜻이 서로 반대되는 글자를 골라 그 번호를 쓰세요.

| ㉠ 田 | ㉡ 男 | ㉢ 地 | ㉣ 山 | ㉤ 少 |
| ㉥ 力 | ㉦ 下 | ㉧ 日 | ㉨ 老 | ㉩ 小 |

① 海 − (　　)　　② 川 − (　　)
③ 上 − (　　)　　④ 大 − (　　)
⑤ 女 − (　　)

정답 및 해설

5. ① ㉡ 先(先: 먼저 선↔後: 뒤 후)
　② ㉠ 北(南: 남녘 남↔北: 북녘 북)
　③ ㉢ 老(老: 늙을 로(노)↔少: 젊을 소)

6. ① ㉡ 上(下: 아래 하↔上: 위 상)
　② ㉢ 東(西: 서녘 서↔東: 동녘 동)
　③ ㉠ 大(小: 작을 소↔大: 큰 대)

7. ① ㉩ 少(多: 많을 다↔少: 적을 소)
　② ㉣ 山(川: 내 천↔山: 뫼 산)
　③ ㉦ 祖(孫: 손자 손↔祖: 할아버지 조)
　④ ㉠ 南(北: 북녘 북↔南: 남녘 남)
　⑤ ㉥ 午(夜: 밤 야↔午: 낮 오)

8. ① ㉢ 地(海: 바다 해↔地: 땅 지)
　② ㉣ 山(川: 내 천↔山: 뫼 산)
　③ ㉦ 下(上: 위 상↔下: 아래 하)
　④ ㉩ 小(大: 큰 대↔小: 작을 소)
　⑤ ㉡ 男(女: 여자 녀(여)↔男: 사내 남)

9 뜻이 서로 반대되는 글자를 골라 그 번호를 쓰세요.

| ㉠ 南 | ㉡ 男 | ㉢ 東 | ㉣ 山 | ㉤ 天 |
| ㉥ 午 | ㉦ 北 | ㉧ 月 | ㉨ 多 | ㉩ 女 |

① 少 - (   ) ② 男 - (   )
③ 西 - (   ) ④ 日 - (   )

10 뜻이 서로 반대되는 글자를 골라 그 번호를 쓰세요.

| ㉠ 北 | ㉡ 女 | ㉢ 西 | ㉣ 山 | ㉤ 天 |
| ㉥ 午 | ㉦ 上 | ㉧ 子 | ㉨ 多 | ㉩ 小 |

① 東 - (   ) ② 下 - (   )
③ 南 - (   ) ④ 地 - (   )
⑤ 男 - (   )

11 뜻이 서로 반대되는 글자를 골라 그 번호를 쓰세요.

㉠ 南	㉡ 男	㉢ 東	㉣ 山
㉤ 足	㉥ 午	㉦ 身	㉧ 子
㉨ 少	㉩ 小	㉪ 川	

① 多 - (   ) ② 手 - (   )
③ 山 - (   ) ④ 心 - (   )
⑤ 大 - (   )

12 뜻이 서로 반대되는 글자를 골라 그 번호를 쓰세요.

| ㉠ 上 | ㉡ 大 | ㉢ 東 | ㉣ 山 | ㉤ 天 |
| ㉥ 午 | ㉦ 前 | ㉧ 子 | ㉨ 多 | ㉩ 日 |

① 下 - (   ) ② 小 - (   )
③ 海 - (   ) ④ 月 - (   )
⑤ 後 - (   )

정답 및 해설

9. ① ㉨ 多(少 : 적을 소 ↔ 多 : 많을 다)
   ② ㉩ 女(男 : 사내 남 ↔ 女 : 여자 녀)
   ③ ㉢ 東(西 : 서녘 서 ↔ 東 : 동녘 동)
   ④ ㉧ 月(日 : 해 일 ↔ 月 : 달 월)

10. ① ㉢ 西(東 : 동녘 동 ↔ 西 : 서녘 서)
    ② ㉦ 上(下 : 아래 하 ↔ 上 : 위 상)
    ③ ㉠ 北(南 : 남녘 남 ↔ 北 : 북녘 북)
    ④ ㉤ 天(地 : 땅 지 ↔ 天 : 하늘 천)
    ⑤ ㉡ 女(男 : 사내 남 ↔ 女 : 여자 녀)

11. ① ㉨ 少(多 : 많을 다 ↔ 小 : 적을 소)
    ② ㉤ 足(手 : 손 수 ↔ 足 : 발 족)
    ③ ㉪ 川(山 : 뫼 산 ↔ 川 : 내 천)
    ④ ㉦ 身(心 : 마음 심 ↔ 身 : 몸 신)
    ⑤ ㉩ 小(大 : 큰 대 ↔ 小 : 작을 소)

12. ① ㉠ 上(下 : 아래 하 ↔ 上 : 위 상)
    ② ㉡ 大(小 : 작을 소 ↔ 大 : 큰 대)
    ③ ㉤ 天(海 : 바다 해 ↔ 天 : 하늘 천)
    ④ ㉩ 日(月 : 달 월 ↔ 日 : 해 일)
    ⑤ ㉦ 前(後 : 뒤 후 ↔ 前 : 앞 전)

13 뜻이 서로 반대되는 글자를 골라 그 번호를 쓰세요.

| ㉠ 女 | ㉡ 男 | ㉢ 東 | ㉣ 山 | ㉤ 天 |
| ㉥ 午 | ㉦ 水 | ㉧ 子 | ㉨ 多 | ㉩ 小 |

① 西 - (   )　　② 火 - (   )
③ 子 - (   )　　④ 少 - (   )
⑤ 地 - (   )

정답 및 해설

13. ① ㉢ 東(西 : 서녘 서 ↔ 東 : 동녘 동)
② ㉦ 水(火 : 불 화 ↔ 水 : 물 수)
③ ㉠ 女(子 : 아들 자 ↔ 女 : 계집 녀)
④ ㉨ 多(少 : 적을 소 ↔ 多 : 많을 다)
⑤ ㉤ 天(地 : 땅 지 ↔ 天 : 하늘 천)

14 뜻이 서로 반대되는 글자를 골라 그 번호를 쓰세요.

| ㉠ 入 | ㉡ 男 | ㉢ 火 | ㉣ 山 | ㉤ 天 |
| ㉥ 南 | ㉦ 川 | ㉧ 子 | ㉨ 多 | ㉩ 小 |

① 出 - (   )　　② 水 - (   )
③ 海 - (   )　　④ 北 - (   )
⑤ 江 - (   )

14. ① ㉠ 入(出 : 날 출 ↔ 入 : 들 입)
② ㉢ 火(水 : 물 수 ↔ 火 : 불 화)
③ ㉤ 天(海 : 바다 해 ↔ 天 : 하늘 천)
④ ㉥ 南(北 : 북녘 북 ↔ 南 : 남녘 남)
⑤ ㉣ 山(江 : 강 강 ↔ 山 : 뫼 산)

완성형 및 한자숙어

완성형 및 한자숙어에 활용할 수 있는 한자학습을 위한 단원입니다. 소리내어 읽으며 一字一字 놓치지 말고 익히시기 바랍니다. 한자 읽기에서 익힌 한자들을 충분히 활용할 수 있도록 하세요.

1 다음의 단어들은 독음문제 및 완성형에 활용될 수 있는 단어들입니다.

家事(가사)	開場(개장)	苦難(고난)	交易(교역)
歌手(가수)	開閉(개폐)	固守(고수)	口頭(구두)
家族(가족)	客席(객석)	固有(고유)	舊式(구식)
各界(각계)	客主(객주)	故意(고의)	句節(구절)
各其(각기)	客地(객지)	高低(고저)	國家(국가)
各自(각자)	客車(객차)	固定(고정)	國境(국경)
各種(각종)	格式(격식)	高層(고층)	國旗(국기)
簡單(간단)	格言(격언)	苦痛(고통)	國論(국론)
感氣(감기)	見聞(견문)	故鄕(고향)	軍隊(군대)
感動(감동)	見學(견학)	穀物(곡물)	群衆(군중)
感電(감전)	結果(결과)	曲線(곡선)	歸家(귀가)
感情(감정)	結論(결론)	曲直(곡직)	歸結(귀결)
感歎(감탄)	境界(경계)	困難(곤란)	歸路(귀로)
感化(감화)	經過(경과)	骨格(골격)	歸依(귀의)
强要(강요)	輕視(경시)	骨材(골재)	貴族(귀족)
江湖(강호)	景致(경치)	工具(공구)	歸鄕(귀향)
開發(개발)	京鄕(경향)	科目(과목)	極東(극동)
開放(개방)	計量(계량)	果然(과연)	起立(기립)
開設(개설)	故國(고국)	科學(과학)	基本(기본)
開院(개원)	高貴(고귀)	敎壇(교단)	難易(난이)

南極(남극)	反省(반성)	思考(사고)	兩面紙(양면지)
男便(남편)	發源(발원)	商工(상공)	旅客機(여객기)
大衆(대중)	發表(발표)	常識(상식)	旅客船(여객선)
大便(대변)	方位(방위)	說得(설득)	旅人宿(여인숙)
洞里(동리)	方正(방정)	設立(설립)	領收證(영수증)
冬眠(동면)	放出(방출)	說明(설명)	利己的(이기적)
同業(동업)	法則(법칙)	性質(성질)	日記帳(일기장)
旅行(여행)	便所(변소)	所聞(소문)	自負心(자부심)
馬車(마차)	別味(별미)	小說(소설)	自轉車(자전거)
滿足(만족)	本質(본질)	素質(소질)	自動車(자동차)
名單(명단)	不足(부족)	老弱者(노약자)	自尊心(자존심)
名節(명절)	部下(부하)	同窓會(동창회)	再昨年(재작년)
無心(무심)	復活(부활)	白日場(백일장)	住宅街(주택가)
貿易(무역)	復興(부흥)	步行者(보행자)	靑一點(청일점)
問題(문제)	北方(북방)	不分明(불분명)	初步者(초보자)
文學(문학)	分類(분류)	飛行機(비행기)	太極旗(태극기)
反共(반공)	私見(사견)	食水難(식수난)	韓國畵(한국화)

2 다음 한자어의 숙어나 성어의 뜻을 숙지해 쓰기 및 완성형 문제에 활용해 보세요.

家具	家具						
가구	집안 살림에 쓰이는 기구

可能	可能						
가능	할 수 있음

家屋	家屋						
가옥	사람이 사는 집

家庭	家庭						
가정	한 가족이 살림하고 있는 집 안

家族	家族						
가족	부부를 기초로 하여 한 가정을 이루는 사람들

簡潔	簡潔						
간결	간단하고 깨끗함

看過	看過						
간과	대충 보아 넘김

看板	看板						
간판	선전용으로 걸어놓은 것

甘味	甘味						
감미	단 맛

感情	感情					
감정	느끼어 일어나는 심정					

感歎	感歎					
감탄	감동하여 탄식함					

敢行	敢行					
감행	과감하게 행함					

降等	降等					
강등	등급·계급이 내려 감					

改良	改良					
개량	고치어 좋게 함					

改善	改善					
개선	고치어 좋게 함					

巨富	巨富					
거부	큰 부자					

拒絶	拒絶					
거절	응낙하지 않고 물리침					

居處	居處					
거처	사는 곳					

健康							
건강	몸에 탈이 없고 튼튼함							

建築							
건축	집·건물·다리 등을 세워 지음						

傑作							
걸작	뛰어난 작품						

傑出							
걸출	남보다 훨씬 뛰어남						

結末							
결말	어떤 일의 마지막						

敬禮							
경례	경의를 표하기 위해 인사하는 일						

競爭							
경쟁	같은 목적에 관하여 서로 겨루어 다툼						

競走							
경주	다투어 달림						

輕快							
경쾌	마음이 홀가분하고 상쾌함						

告白	告白					
고백	숨김없이 사실대로 말함					

固體	固體					
고체	단단한 물체					

故鄕	故鄕					
고향	자기가 나서 자라난 곳					

曲線	曲線					
곡선	부드럽게 구부러진 선					

空氣	空氣					
공기	공중의 대기					

公正	公正					
공정	공평하고 올바름					

公害	公害					
공해	환경을 해치는 것					

過勞	過勞					
과로	지나치게 일하여 고달픔					

科目	科目					
과목	학문의 구분					

課題	課題						
과제	주어진 문제나 의무							

觀光	觀光						
관광	다른 나라의 문물제도를 시찰함						

觀念	觀念						
관념	생각이나 견해						

觀心	觀心						
관심	마음이 있음						

廣告	廣告						
광고	널리 선전하여 알림						

廣場	廣場						
광장	넓은 마당						

校門	校門						
교문	학교의 정문						

敎育	敎育						
교육	가르치어 기름						

校長	校長						
교장	학교의 가장 높은 어른						

敎訓	敎訓					
교훈	가르쳐 지도하고 타이름					

國防	國防					
국방	나라를 지킴					

規則	規則					
규칙	여러 사람이 다 같이 지키기로 작정한 법칙					

根據	根據					
근거	사물의 토대					

禁止	禁止					
금지	말려서 하지 못하게 함					

給水	給水					
급수	물을 공급함					

急行	急行					
급행	급하게 감					

技能	技能					
기능	기술상의 재능					

記錄	記錄					
기록	사실을 적는 일					

基本	基本						
기본	사물의 기초와 근본							

汽船	汽船						
기선	증기힘으로 운행하는 배의 총칭							

汽車	汽車						
기차	증기 기관을 원동력으로 하여 궤도 위를 운행하는 차량							

羅列	羅列						
나열	벌려 늘어놓음							

落書	落書						
낙서	장난으로 아무 데나 함부로 글자를 씀							

落葉	落葉						
낙엽	떨어지는 나뭇잎							

南海	南海						
남해	남쪽 바다							

朗讀	朗讀						
낭독	소리내어 읽음							

朗報	朗報						
낭보	좋은 소식							

內陸	內陸							
내륙	육지 안

內容	內容							
내용	사물의 속에 들어 있는 것

勞動	勞動							
노동	마음과 몸을 써서 일을 함

勞力	勞力							
노력	힘들여 일함

農事	農事							
농사	농작물을 재배하는 일

雷聲	雷聲							
뇌성	천둥 치는 소리

團結	團結							
단결	많은 사람이 함께 뭉침

團束	團束							
단속	규칙·명령·법령 등을 잘 지키도록 통제함

達成	達成							
달성	목적한 바를 이룸

當選	當選						
당선	선거에서 선출됨							

大量	大量						
대량	많은 분량						

大陸	大陸						
대륙	크고 넓은 땅						

對話	對話						
대화	서로 말을 주고 받음						

宅內	宅內						
댁내	남의 집안의 존칭						

道具	道具						
도구	일에 쓰이는 여러 가지 연장						

道德	道德						
도덕	사람이 마땅히 해야 할 바른 길						

圖書	圖書						
도서	글씨·그림·서적 따위의 총칭						

都市	都市						
도시	도회지						

都邑	都邑					
도읍	서울 수도를 정함					

獨立	獨立					
독립	남에게 의지하지 않고 홀로 섬					

獨唱	獨唱					
독창	혼자서 노래를 부름					

同胞	同胞					
동포	같은 겨레					

頭目	頭目					
두목	여러 사람 중 우두머리가 되는 사람					

登校	登校					
등교	학교에 나감					

賣買	賣買					
매매	물건을 팔고 삼					

名單	名單					
명단	어떤 일에 관계된 사람의 이름을 적은 표					

名山	名山					
명산	이름난 산					

明暗	明暗					
명암	밝음과 어둠

名稱	名稱					
명칭	사물을 부르는 이름

木材	木材					
목재	건축에 쓰이는 나무의 재료

武器	武器					
무기	전쟁에 쓰이는 온갖 기구

無禮	無禮					
무례	예의가 없음

無情	無情					
무정	정이 없음

問病	問病					
문병	환자를 찾아보고 위로 함

問安	問安					
문안	웃어른께 안부를 여쭘

物價	物價					
물가	물건의 값

美化	美化					
미화	아름답게 꾸밈					

密告	密告					
밀고	남몰래 넌지시 일러바침					

拍手	拍手					
박수	손뼉을 침					

反對	反對					
반대	남의 말이나 의견을 찬성하지 아니함					

發見	發見					
발견	남이 미처 보지 못한 사물을 먼저 찾아냄					

放送	放送					
방송	전파로 소식 등을 보도					

倍加	倍加					
배가	곱절로 증가					

倍數	倍數					
배수	갑절이 되는 수					

白雪	白雪					
백설	흰 눈					

番號	番號					
번호	차례를 나타내는 호수					

法規	法規					
법규	법률의 규정					

法則	法則					
법칙	꼭 지켜야만 하는 규범					

變更	變更					
변경	바꾸어서 고침					

變身	變身					
변신	몸의 모양을 바꿈					

變化	變化					
변화	사물의 모양·성질 등이 달라짐					

病名	病名					
병명	병의 이름					

寶物	寶物					
보물	보배로운 물건					

本部	本部					
본부	한 기관의 중심이 되는 조직					

奉仕	奉仕						
봉사	남의 뜻을 받들어 섬김							

奉養	奉養						
봉양	부모를 받들어 모심						

富強	富強						
부강	백성이 부유하고 군사가 강함						

富貴	富貴						
부귀	부유하고 고귀함						

部隊	部隊						
부대	군사의 무리						

不足	不足						
부족	넉넉하지 못함						

部下	部下						
부하	남의 밑에 딸리어 그의 명령에 따라 움직이는 사람						

北風	北風						
북풍	북쪽에서 불어오는 바람						

非凡	非凡						
비범	보통이 아니고 매우 뛰어남						

鼻音	鼻音					
비음	콧소리					

比重	比重					
비중	그 집단이나 사물에서 차지하는 중요한 정도					

貧富	貧富					
빈부	가난함과 부유함					

事故	事故					
사고	뜻밖에 일어난 일이나 탈					

思想	思想					
사상	생각					

社長	社長					
사장	회사의 우두머리					

寫眞	寫眞					
사진	카메라로 물체의 형상을 찍는 일					

相談	相談					
상담	서로 의논함					

上陸	上陸					
상륙	배에서 육지로 오름					

想像	想像					
상상	마음속으로 그리며 미루어 생각함					

商人	商人					
상인	장사하는 사람					

賞狀	賞狀					
상장	상 주는 뜻을 표하여 주는 증서					

商店	商店					
상점	여러 가지 물건을 파는 가게의 총칭					

商品	商品					
상품	팔고 사는 물품					

生産	生産					
생산	물건 등을 만들어 냄					

生前	生前					
생전	살아있는 동안					

書類	書類					
서류	어떤 내용을 적은 문서					

席次	席次					
석차	성적의 차례					

3 꼭 기억해 두면 좋을 한자

同色	同色					
동색	같은 색깔					

春秋	春秋					
춘추	봄과 가을					

父子	父子					
부자	아버지와 아들					

王子	王子					
왕자	임금의 아들					

每月	每月					
매월	다달이					

每日	每日					
매일	매일매일					

春夏秋冬	春夏秋冬	
춘하추동	봄 여름 가을 겨울	

前後	前後					
전후	앞과 뒤					

祖母	祖母					
조모	할머니					

祖父	祖父					
조부	할아버지					

東門	東門					
동문	동쪽으로 난 문					

手足	手足					
수족	손과 발					

登山	登山					
등산	산에 오름					

天地	天地					
천지	하늘과 땅					

靑天	靑天					
청천	푸른 하늘					

東海	東海					
동해	동쪽 바다					

兄弟	兄弟					
형제	형과 아우					

休日	休日					
휴일	쉬는 날					

來日	來日						
내일	다가오는 날							

日記	日記						
일기	날마다 겪은 일을 기록						

出入	出入						
출입	나가고 들어옴						

來年	來年						
내년	다음 해						

國花	國花						
국화	나라 꽃						

國旗	國旗						
국기	나라 깃발						

國歌	國歌						
국가	나라의 노래						

國家	國家						
국가	한 나라						

孝子	孝子						
효자	효도하는 아들						

孝女	孝女					
효녀	효도하는 딸					

植物	植物					
식물	나무나 풀 같은 생물					

動物	動物					
동물	개나 고양이 같은 생물					

國語	國語					
국어	한나라의 말					

問安	問安					
문안	안부를 물음					

姓名	姓名					
성명	성과 이름					

登校	登校					
등교	학교에 감					

下校	下校					
하교	학교에서 돌아옴					

海軍	海軍					
해군	바다를 지키는 군인					

空氣	空氣						
공기	숨쉬는 기체, 산소						

人間	人間						
인간	사람						

年少	年少						
연소	나이가 어림						

男女	男女						
남녀	남자와 여자						

左右	左右						
좌우	왼쪽과 오른쪽						

正午	正午						
정오	낮 12시						

內外	內外						
내외	안과 밖						

大門	大門						
대문	큰 문, 집으로 들어가는 문						

農夫	農夫						
농부	농사짓는 사람						

4 다음은 사물의 모양을 본 떠 만든 글자의 설명입니다.

- 불타는 모양을 본 뜬 글자

| 화 | 火 | 火 | | | | | | | |

- 문의 모양을 본뜬 글자

| 문 | 門 | 門 | | | | | | | |

- 물 흐르는 모양을 본 뜬 글자

| 수 | 水 | 水 | | | | | | | |

- 물 흐르는 모양을 본 뜬 글자

| 천 | 川 | 川 | | | | | | | |

- 나무의 모양을 본 뜬 글자

| 목 | 木 | 木 | | | | | | | |

- 사람이 서 있는 모양을 본 뜬 글자

| 인 | 人 | 人 | | | | | | | |

- 산의 모양을 본 뜬 글자

| 산 | 山 | 山 | | | | | | | |

- 두개의 수를 나타낸 글자

| 이 | 二 | 二 | | | | | | | |

- 사람이 나무 그늘에서 쉬는 모양을 본뜬 글자(쉰다의 뜻)

| 휴 | 休 | 休 | | | | | | | |

- 달의 모양을 본뜬 글자(달의 뜻)

| 월 | 月 | 月 | | | | | | | | |

- 사람이 고개를 숙이고 문으로 들어가는 모양을 본뜬 글자(들어가다의 뜻)

| 입 | 入 | 入 | | | | | | | | |

- 해의 모양을 본 뜬 글자(해, 날을 뜻함)

| 일 | 日 | 日 | | | | | | | | |

- 윗 부분을 나타낸 글자(위의 뜻)

| 상 | 上 | 上 | | | | | | | | |

- 발의 모양을 본뜬 글자(발의 뜻)

| 족 | 足 | 足 | | | | | | | | |

- 심장의 모양을 본뜬 글자(마음의 뜻)

| 심 | 心 | 心 | | | | | | | | |

- 아기의 모양을 본뜬 글자(아들을 나타냄)

| 자 | 子 | 子 | | | | | | | | |

- 손의 모양을 본뜬 글자(손을 나타냄)

| 수 | 手 | 手 | | | | | | | | |

- 나무가 모여 수풀의 모양을 이룬 글자(수풀을 나타냄)

| 림 | 林 | 林 | | | | | | | | |

- 입의 모양을 본뜬 글자(입을 나타냄)

| 구 | 口 | 口 | | | | | | | | | |

- 힘쓰는 모양을 나타낸 글자(힘을 나타냄)

| 력 | 力 | 力 | | | | | | | | | |

- 눈의 모양을 본뜬 자

| 목 | 目 | 目 | | | | | | | | | |

- 나무의 뿌리 모양을 나타낸 자

| 본 | 本 | 本 | | | | | | | | | |

- 사람이 서 있는 모양

| 립 | 立 | 立 | | | | | | | | | |

- 목수가 자를 대고 일하는 모양

| 공 | 工 | 工 | | | | | | | | | |

- 성곽의 모양을 본뜬 자(고을을 나타냄)

| 읍 | 邑 | 邑 | | | | | | | | | |

- 땅에서 싹이 나오는 모양(흙을 나타냄)

| 토 | 土 | 土 | | | | | | | | | |

- 수레 모양

| 거 | 車 | 車 | | | | | | | | | |

• 여자가 꿇어앉은 모양											
녀	女	女									

• 쌀의 모양을 본뜬 자(나무를 나타냄)											
미	米	米									

• 해가 나무 사이에 뜨는 모양을 나타냄											
동	東	東									

• 어머니의 젖 모양(어머니를 나타냄)											
모	母	母									

예상문제풀이

완성형

1 다음 ( ) 안에 알맞은 한자를 보기에서 골라 그 번호를 쓰세요.

| ㉠ 秋 | ㉡ 色 | ㉢ 父 | ㉣ 花 |

① 同(　　) : 같은 빛깔
② 春(　　) : 봄과 가을
③ (　　)子 : 아버지와 아들

2 다음 ( ) 안에 맞는 漢字(한자)를 보기에서 골라 그 번호를 쓰세요.

| ㉠ 月 | ㉡ 上 | ㉢ 祖 | ㉣ 王 |

① (　　)子 : 임금의 아들
② 每(　　) : 다달이, 매달

3 다음 ( ) 안에 알맞은 漢字(한자)를 보기에서 골라 그 번호를 쓰세요.

| ㉠ 前 | ㉡ 韓 | ㉢ 冬 |

① 大(　　)　　② 秋(　　)
③ (　　)後

4 다음 ( ) 안에 보기 ㉠~㉥의 글자를 넣어 말이 되도록 하세요.

| ㉠ 맞 | ㉡ 쌀 | ㉢ 석 | ㉣ 송 | ㉤ 과 | ㉥ 놀 |

정답 및 해설

1. ① ㉡ 色(同色 : 같을 동, 빛 색)
   ② ㉠ 秋(春秋 : 봄 춘, 가을 추)
   ③ ㉢ 父(父子 : 아비 부, 아들 자)

2. ① ㉣ 王(王子 : 임금 왕, 아들 자)
   ② ㉠ 月(每月 : 매양 매, 달 월)

3. ① ㉡ 韓(大韓 : 큰 대, 나라 한) : 우리나라 대한민국
   ② ㉢ 冬(秋冬 : 가을 추, 겨울 동) : 가을과 겨울
   ③ ㉠ 前(前後 : 앞 전, 뒤 후) : 앞과 뒤

4. ① ㉢ 석(추석 : 가을걷이)
   ② ㉡ 쌀(햅쌀 : 그해 갓 나온 곡식)
   ③ ㉣ 송(송편 : 추석날 해먹는 떡)
   ④ ㉤ 과(햇과일 : 계절 과일)
   ⑤ ㉥ 놀(농악놀이 : 풍물, 농악대)
   ⑥ ㉠ 맞(달맞이 : 8월 15일 대보름날 달을 보는 풍속)

① 추(　　)　② 햅(　　)
③ (　　)편　④ 햇(　　)일
⑤ 농악(　　)이　⑥ 달(　　)이

5 (　) 안에 알맞은 한자를 보기에서 골라 그 번호를 쓰세요.

| ㉠ 生 | ㉡ 空 | ㉢ 姓 | ㉣ 白 | ㉤ 住 | ㉥ 漢 |

① (　)軍　　　(　)氣
② (　)名　　百(　)
③ (　)江　　　(　)字
④ (　)所　　　(　)民
⑤ (　)紙　　　(　)色
⑥ 學(　)　　　(　)活

6 (　) 안에 알맞은 한자를 보기에서 골라 그 번호를 쓰세요.

| ㉠ 電 | ㉡ 漢 | ㉢ 室 | ㉣ 木 | ㉤ 軍 | ㉥ 登 |

① (　)話　　　(　)氣
② (　)字　　　(　)江
③ (　)山　　　(　)場
④ (　)手　　　(　)工
⑤ (　)人　　白(　)
⑥ 教(　)　　　(　)內

7 (　) 안에 알맞은 한자를 보기에서 골라 그 번호를 쓰세요.

| ㉠ 便 | ㉡ 出 | ㉢ 午 | ㉣ 國 | ㉤ 農 | ㉥ 靑 |

① (　)語　　　(　)花
② (　)春　　　(　)年
③ (　)前　　正(　)
④ (　)所　　　(　)安
⑤ (　)入　　　(　)場
⑥ (　)夫　　　(　)地

정답 및 해설

5. ① ㉡ 空(空軍 : 빌 공, 군사 군) : 하늘을 지키는 군인. (空氣 : 빌 공, 기운 기) : 산소
   ② ㉢ 姓(姓名 : 성 성, 이름 명) : 이름. (百姓 : 일백 백, 성 성) : 민중, 국민
   ③ ㉥ 漢(漢江 : 한수 한, 강 강) : 우리나라 한강. (漢字 : 한수 한, 글자 자) : 중국글자, 한자
   ④ ㉤ 住(住所 : 살 주, 바 소) : 거주하는 곳. (住民 : 살 주, 백성 민) : 거주하는 사람들
   ⑤ ㉣ 白(白紙 : 흰 백, 종이 지) : 하얀 종이. (白色 : 흰 백, 빛깔 색) : 흰 색
   ⑥ ㉠ 生(學生 : 배울 학, 날 생) : 공부하는 학생. (生活 : 날 생, 살 활) : 활동하고 사는 모든 행동들

6. ① ㉠ 電(電話 : 전기 전, 말씀 화) : 전화. (電氣 : 전기 전, 기운 기) : 전기
   ② ㉡ 漢(漢江 : 한수 한, 강 강) : 우리나라 한강. (漢字 : 한수 한, 글자 자) : 중국글자, 한자
   ③ ㉥ 登(登山 : 오를 등, 뫼 산) : 산에 오름. (登場 : 오를 등, 마당 장) : 나타남
   ④ ㉣ 木(木手 : 나무 목, 손 수) : 나무를 재단하는 사람. (木工 : 나무 목, 장인 공) : 목수
   ⑤ ㉤ 軍(軍人 : 군사 군, 사람 인) : 나라를 지키는 사람. (白軍 : 흰 백, 군사 군) : 청군, 백군 편을 나누어 게임을 할 때 백군
   ⑥ ㉢ 室(敎室 : 가르칠 교, 집 실) : 배우고 가르치는 곳. (室內 : 집 실, 안 내) : 집의 안

7. ① ㉣ 國(國語 : 나라 국, 말씀 어) : 우리말. 한나라의 말. (國花 : 나라 국, 꽃 화) : 우리 꽃, 한나라의 대표 꽃
   ② ㉥ 靑(靑春 : 푸를 청, 봄 춘) : 젊은 시절. (靑年 : 푸를 청, 해 년) : 젊은이
   ③ ㉢ 午(午前 : 낮 오, 앞 전) : 낮 12시 이전. (正午 : 바를 정, 낮 오) : 낮 12시
   ④ ㉠ 便(便所 : 오줌 변, 바 소) : 용변을 보는 곳. (便安 : 편할 편, 편안할 안) : 편안함
   ⑤ ㉡ 出(出入 : 날 출, 들 입) : 나가고 들어옴. (出場 : 날 출, 마당 장) : 일 때문에 멀리 감
   ⑥ ㉤ 農(農夫 : 농사 농, 지아비 부) : 농사를 짓는 사람. (農地 : 농사 농, 땅 지) : 농사 지을 땅

8 ( ) 안에 알맞은 한자를 보기에서 골라 그 번호를 쓰세요.

㉠ 校	㉡ 空	㉢ 正	㉣ 民	㉤ 海	㉥ 水

① ( )直   ( )午
② 國( )   ( )主
③ 下( )道   生( )
④ ( )氣   ( )中
⑤ ( )長   ( )門
⑥ ( )草   ( )水

정답 및 해설

8. ① ㉢ 正(正直 : 바를 정, 곧을 직) : 정직하고 바름. (正午 : 바를 정, 낮 오) : 낮 12시
② ㉣ 民(國民 : 나라 국, 백성 민) : 한나라의 백성. (民主 : 백성 민, 주인 주) : 백성이 주인됨
③ ㉥ 水(下水道 : 아래 하, 물 수, 길 도) : 지하로 흐르는 물길. (生水 : 날 생, 물 수) : 깨끗한 자연산 물
④ ㉡ 空(空氣 : 빌 공, 기운 기) : 산소. (空中 : 빌 공, 가운데 중) : 공중
⑤ ㉠ 校(校長 : 학교 교, 어른 장) : 학교의 제일 어른. (校門 : 학교 교, 문 문) : 학교 문
⑥ ㉤ 海(海草 : 바다 해, 풀 초) : 바다 풀. (海水 : 바다 해, 물 수) : 바닷물

9 ( ) 안에 알맞은 한자를 보기에서 골라 그 번호를 쓰세요.

㉠ 天	㉡ 旗	㉢ 姓	㉣ 答	㉤ 農	㉥ 物

① 國( )   校( )
② ( )名   百( )
③ ( )夫   ( )村
④ ( )地   ( )下
⑤ 問( )   ( )紙
⑥ 植( )   動( )

9. ① ㉡ 旗(國旗 : 나라 국, 기 기) : 나라의 국기. (校旗 : 학교 교, 기 기) : 학교 깃발
② ㉢ 姓(姓名 : 성 성, 이름 명) : 이름. (百姓 : 일백 백, 성 성) : 민중, 국민
③ ㉤ 農(農夫 : 농사 농, 지아비 부) : 농사짓는 사람. (農村 : 농사 농, 마을 촌) : 농촌
④ ㉠ 天(天地 : 하늘 천, 땅 지) : 하늘과 땅. (天下 : 하늘 천, 아래 하) : 하늘 아래. 즉 세상
⑤ ㉣ 答(問答 : 물을 문, 대답 답) : 묻고 대답함. (答紙 : 대답 답, 종이 지) : 답을 적는 종이
⑥ ㉥ 物(植物 : 심을 식, 만물 물) : 식물. (動物 : 움직일 동, 만물 물) : 동물

10 ( ) 안에 알맞은 한자를 보기에서 골라 그 번호를 쓰세요.

㉠ 春	㉡ 孝	㉢ 寸	㉣ 民	㉤ 白	㉥ 每

① ( )道   ( )行
② ( )秋   靑( )
③ ( )數   四( )
④ ( )心   國( )
⑤ ( )紙   ( )色
⑥ ( )日   ( )年

10. ① ㉡ 孝(孝道 : 효도할 효, 길 도) : 효도, 효행. (孝行 : 효도 효, 행할 행) : 효도
② ㉠ 春(春秋 : 봄 춘, 가을 추) : 봄과 가을. (靑春 : 푸를 청, 봄 춘) : 젊은이
③ ㉢ 寸(寸數 : 마디 촌, 셈 수) : 친척간의 관계. (四寸 : 넉 사, 마디 촌) : 사촌
④ ㉣ 民(民心 : 백성 민, 마음 심) : 민중의 마음. (國民 : 나라 국, 백성 민) : 백성
⑤ ㉤ 白(白紙 : 흰 백, 종이 지) : 흰 종이. (白色 : 흰 백, 빛깔 색) : 흰색
⑥ ㉥ 每(每日 : 매양 매, 해 일) : 매일매일. (每年 : 매양 매, 해 년) : 매해

11 ( ) 안에 알맞은 한자를 보기에서 골라 그 번호를 쓰세요.

㉠ 前	㉡ 平	㉢ 祖	㉣ 王	㉤ 自	㉥ 便

11. ① ㉠ 前(前後 : 앞 전, 뒤 후) : 앞과 뒤. (生前 : 날 생, 앞 전) : 태어나기 전
② ㉥ 便(不便 : 아니 불, 편할 편) : 편리하지 못함. (便安 : 편할 편, 편안할 안) : 편안함
③ ㉢ 祖(祖父 : 할아버지 조, 아비 부) : 할아버지. (祖母 : 할아버지 조, 어미 모) : 할머니
④ ㉤ 自(自己 : 스스로 자, 자기 기) : 자신. (自身 : 스스로 자, 몸 신) : 자기자신, 몸
⑤ ㉣ 王(女王 : 여자 여, 임금 왕) : 여왕. (王子 : 임금 왕, 아들 자) : 왕의 아들

① (　　)後　　生(　　)
② 不(　　)　　(　　)安
③ (　　)父　　(　　)母
④ (　　)己　　(　　)身
⑤ 女(　　)　　(　　)子

12 (　) 안에 알맞은 한자를 보기에서 골라 그 번호를 쓰세요.

| ㉠ 住 | ㉡ 國 | ㉢ 生 | ㉣ 靑 | ㉤ 江 | ㉥ 時 |

① (　　)所　　(　　)民
② (　　)民　　(　　)家
③ (　　)春　　(　　)年
④ (　　)村　　漢(　　)
⑤ 出(　　)　　(　　)命
⑥ (　　)間　　每(　　)

뜻풀이

13 다음 한자어의 뜻을 쓰세요.
① 祖母 (　　　　　)
② 東門 (　　　　　)

14 다음 漢字語(한자어)의 뜻을 쓰세요.
① 手足 (　　　　　)
② 登山 (　　　　　)

15 다음 문제는 사물의 모양을 본떠서 만든 글자의 설명입니다. 설명에 맞는 한자를 보기에서 골라 그 번호를 쓰세요.

| ㉠ 川 | ㉡ 林 | ㉢ 火 |

① 물줄기를 본 뜬 글자　　　　　(　　　)
② 불이 타오르는 모양을 본 뜬 글자 (　　　)

정답 및 해설

12. ① ㉠ 住(住所 : 살 주, 바 소) : 거주하는 곳. (住民 : 살 주, 백성 민) : 거주하는 사람들
② ㉡ 國(國民 : 나라 국, 백성 민) : 한나라의 백성. (國家 : 나라 국, 집 가) : 한나라
③ ㉣ 靑(靑春 : 푸를 청, 봄 춘) : 젊은 시절. (靑年 : 푸를 청, 해 년) : 젊은이
④ ㉤ 江(江村 : 강 강, 마을 촌) : 강가 마을. (漢江 : 한수 한, 강 강) : 우리나라 한강
⑤ ㉢ 生(出生 : 날 출, 날 생) : 태어남. (生命 : 날 생, 목숨 명) : 생명
⑥ ㉥ 時(時間 : 때 시, 사이 간) : 시각. (每時 : 매양 매, 때 시) : 매 시간

13. ① 할머니(祖母 : 할아버지 조, 어미 모)
② 동쪽으로 난 문(東門 : 동녘 동, 문 문)

14. ① 손과 발(手足 : 손 수, 발 족)
② 산에 오름(登山 : 오를 등, 뫼 산)

15. ① ㉠ 川(내 천)
② ㉢ 火(불 화)

16 다음 글자는 무엇을 본떠서 만든 글자인가 보기에서 골라 그 번호를 쓰세요.

> ㉠ 불타는 모양을 본 뜬 글자
> ㉡ 문의 모양을 본뜬 글자
> ㉢ 물 흐르는 모양을 본 뜬 글자
> ㉣ 나무의 모양을 본 뜬 글자
> ㉤ 사람이 서 있는 모양을 본 뜬 글자
> ㉥ 산의 모양을 본 뜬 글자

① 門 (   )   ② 木 (   )
③ 人 (   )   ④ 山 (   )
⑤ 水 (   )   ⑥ 火 (   )

17 다음 낱말의 뜻을 쓰세요.

① 長男 (   )   ② 每月 (   )

18 다음의 글자가 무엇을 본뜬 글자인지 설명에 맞는 한자를 보기에서 골라 그 번호를 쓰세요.

> ㉠ 水   ㉡ 木   ㉢ 門   ㉣ 九   ㉤ 人   ㉥ 二

① 문의 모양을 본뜬 글자(문을 뜻함)   (   )
② 물 흐르는 모양을 본뜬 글자(물을 뜻함)   (   )
③ 사람의 모양을 본뜬 글자(사람을 뜻함)   (   )
④ 나무의 모양을 본뜬 글자(나무을 뜻함)   (   )
⑤ 두 개의 수를 나타낸 글자(둘을 뜻함)   (   )

19 다음 글자의 짜임에 알맞은 한자를 보기에서 골라 그 번호를 쓰세요.

> ㉠ 目   ㉡ 休   ㉢ 林   ㉣ 月   ㉤ 入   ㉥ 門

① 두 짝의 문 모양을 본뜬 글자
   (열고 닫는 문의 뜻)   (   )
② 사람이 나무 그늘에서 쉬는 모양을 본뜬 글자
   (쉰다의 뜻)   (   )

정답 및 해설

16. ① ㉡ 문의 모양을 본 뜬 글자(문 문)
    ② ㉣ 나무의 모양을 본 뜬 글자(나무 목)
    ③ ㉤ 사람이 서 있는 모양을 본 뜬 글자(사람 인)
    ④ ㉥ 산의 모양을 본 뜬 글자(뫼 산)
    ⑤ ㉢ 물 흐르는 모양을 본 뜬 글자(물 수)
    ⑥ ㉠ 불타는 모양을 본 뜬 글자(불 화)

17. ① 맏 아들, 첫째 아들(어른 장, 사내 남)
    ② 매달(매양 매, 달 월)

18. ① ㉢ 門(문 문)
    ② ㉠ 水(물 수)
    ③ ㉤ 人(사람 인)
    ④ ㉡ 木(나무 목)
    ⑤ ㉥ 二(두 이)

19. ① ㉥ 門(문 문)
    ② ㉡ 休(쉴 휴)
    ③ ㉣ 月(달 월)
    ④ ㉤ 入(들 입)

③ 달의 모양을 본뜬 글자(달의 뜻)   (   )
④ 사람이 고개를 숙이고 문으로 들어가는 모양을 본뜬 글자(들어가다의 뜻)   (   )

20 다음 밑줄 친 부분과 같은 뜻의 漢字語(한자어)를 보기에서 골라 그 번호를 쓰세요.

㉠ 登山   ㉡ 老母   ㉢ 春秋   ㉣ 靑天   ㉤ 東海

① 해가 <u>동쪽 바다</u>에 불끈 솟아올랐습니다.
                                                     (   )
② 우리 학교는 <u>봄과 가을</u>에 소풍을 갑니다.
                                                     (   )
③ <u>푸른 하늘</u>에는 하얀 구름 한 덩이가 떠 있었습니다.   (   )

21 다음 밑줄 친 낱말의 한자를 보기에서 찾아 번호를 쓰세요.

㉠ 金   ㉡ 大   ㉢ 木   ㉣ 土

①<u>흙</u>속에 ②<u>쇳</u>가루가 섞여 있을 때도 있습니다.
① (   )   ② (   )

22 다음 漢字(한자)의 짜임과 알맞은 漢字(한자)를 보기에서 골라 그 번호를 쓰세요.

| ㉠ 月   ㉡ 小   ㉢ 門   ㉣ 火 |
㉤ 女   ㉥ 山   ㉦ 日   ㉧ 人

① 문의 모양을 본 뜬 글자(문을 뜻함)   (   )
② 해의 모양을 본 뜬 글자(해, 날을 뜻함)   (   )
③ 불타는 모양을 나타낸 글자(불을 뜻함)   (   )
④ 사람을 본 뜬 글자(사람을 뜻함)   (   )
⑤ 달의 모양을 본 뜬 글자(달을 뜻함)   (   )
⑥ 산의 모양을 본 뜬 글자(산을 뜻함)   (   )

정답 및 해설

20. ① ㉤ 東海(동녘 동, 바다 해)
    ② ㉢ 春秋(봄 춘, 가을 추)
    ③ ㉣ 靑天(푸를 청, 하늘 천)

21. ① ㉣ 土(흙 토)
    ② ㉠ 金(쇠 금)

22. ① ㉢ 門(문 문)
    ② ㉦ 日(해 일)
    ③ ㉣ 火(불 화)
    ④ ㉧ 人(사람 인)
    ⑤ ㉠ 月(달 월)
    ⑥ ㉥ 山(뫼 산)

23 다음 글자의 짜임과 알맞은 한자를 보기에서 골라 그 번호를 쓰세요.

| ㉠ 心 | ㉡ 足 | ㉢ 山 | ㉣ 女 | ㉤ 水 | ㉥ 上 |

① 윗 부분을 나타낸 글자(위의 뜻) (   )
② 물 흐르는 모양을 본뜬 글자(물의 뜻) (   )
③ 발의 모양을 본뜬 글자(발의 뜻) (   )
④ 산의 모양을 본뜬 글자(산의 뜻) (   )
⑤ 심장의 모양을 본뜬 글자(마음의 뜻) (   )

정답 및 해설

23. ① ㉥ 上(위 상)
 ② ㉤ 水(물 수)
 ③ ㉡ 足(발 족)
 ④ ㉢ 山(뫼 산)
 ⑤ ㉠ 心(마음 심)

24 다음 낱말 뜻에 알맞은 漢字語(한자어)를 보기에서 골라 그 번호를 쓰세요.

| ㉠ 出入 | ㉡ 兄弟 | ㉢ 天地 |

① 형과 아우 (   ) ② 하늘과 땅 (   )

24. ① ㉡ 兄弟(맏 형, 아우 제)
 ② ㉢ 天地(하늘 천, 땅 지)

25 다음 글자의 짜임과 알맞은 한자를 보기에서 골라 그 번호를 쓰세요.

| ㉠ 口 | ㉡ 力 | ㉢ 子 | ㉣ 門 | ㉤ 林 |
| ㉥ 水 | ㉦ 手 | ㉧ 足 | ㉨ 川 | ㉩ 火 |

① 아기의 모양을 본뜬 글자(아들을 나타냄)
   (   )
② 물 흐르는 모양을 본뜬 글자(물을 나타냄)
   (   )
③ 손의 모양을 본뜬 글자(손을 나타냄) (   )
④ 나무가 모여 수풀의 모양을 이룬 글자
   (수풀을 나타냄) (   )
⑤ 문의 모양을 본뜬 글자(문을 나타냄) (   )
⑥ 물 흐르는 내의 모양을 본뜬 글자(내를 나타냄)
   (   )
⑦ 발의 모양을 본뜬 글자(발을 나타냄) (   )
⑧ 입의 모양을 본뜬 글자(입을 나타냄) (   )

25. ① ㉢ 子(아들 자)
 ② ㉥ 水(물 수)
 ③ ㉦ 手(손 수)
 ④ ㉤ 林(수풀 림)
 ⑤ ㉣ 門(문 문)
 ⑥ ㉨ 川(내 천)
 ⑦ ㉧ 足(발 족)
 ⑧ ㉠ 口(입 구)
 ⑨ ㉡ 力(힘 력)
 ⑩ ㉩ 火(불 화)

⑨ 힘쓰는 모양을 나타낸 글자(힘을 나타냄)
(　　　)
⑩ 불타는 모양을 나타낸 글자(불을 나타냄)
(　　　)

26 다음 낱말 뜻에 알맞은 한자어를 보기에서 골라 그 번호를 쓰세요.

| ㉠ 出口 | ㉡ 天地 | ㉢ 北方 | ㉣ 前後 |

① 앞과 뒤　(　　　)　② 하늘과 땅　(　　　)

27 다음 글자의 짜임과 알맞은 한자를 보기에서 골라 그 번호를 쓰세요.

| ㉠ 目 | ㉡ 文 | ㉢ 東 | ㉣ 木 |
| ㉤ 手 | ㉥ 本 | ㉦ 米 | |

① 나무의 모양을 본뜬 자(나무를 나타냄) (　　)
② 해가 나무 사이에 뜨는 모양을 나타냄 (　　)
③ 무늬나 그림을 나타냄　　　　　　　　(　　)
④ 눈의 모양을 본뜬 자　　　　　　　　　(　　)
⑤ 손의 모양을 나타냄　　　　　　　　　(　　)
⑥ 나무의 뿌리 모양을 나타낸 자　　　　(　　)

28 다음 글자의 짜임과 알맞은 한자를 보기에서 골라 그 번호를 쓰세요.

| ㉠ 口 | ㉡ 力 | ㉢ 立 | ㉣ 工 | ㉤ 足 | ㉥ 心 |

① 심장 모양을 본뜬 자(마음을 나타냄)　(　　)
② 힘줄 모양을 나타냄(힘을 뜻함)　　　　(　　)
③ 사람이 서 있는 모양　　　　　　　　　(　　)
④ 입의 모양을 본뜬 자　　　　　　　　　(　　)
⑤ 발의 모양을 나타냄　　　　　　　　　(　　)
⑥ 목수가 자를 대고 일하는 모양　　　　(　　)

정답 및 해설

26. ① ㉣ 前後(앞 전, 뒤 후)
　　② ㉡ 天地(하늘 천, 땅 지)

27. ① ㉣ 木(나무 목)
　　② ㉢ 東(동녘 동)
　　③ ㉡ 文(무늬, 글월 문)
　　④ ㉠ 目(눈 목)
　　⑤ ㉤ 手(손 수)
　　⑥ ㉥ 本(근본 본)

28. ① ㉥ 心(마음 심)
　　② ㉡ 力(힘 력)
　　③ ㉢ 立(설 립)
　　④ ㉠ 口(입 구)
　　⑤ ㉤ 足(발 족)
　　⑥ ㉣ 工(장인 공)

29 다음 글자의 짜임과 알맞은 한자를 보기에서 골라 그 번호를 쓰세요.

㉠ 邑	㉡ 入	㉢ 日	㉣ 川
㉤ 目	㉥ 本	㉦ 米	㉧ 山

① 성곽의 모양을 본뜬 자(고을을 나타냄) ( )
② 물이 흐르는 모양(내가 흐르는 모양을 나타냄)
( )

정답 및 해설

29. ① ㉠ 邑(고을 읍)
② ㉣ 川(내 천)

30 다음 글자의 짜임과 알맞은 한자를 보기에서 골라 그 번호를 쓰세요.

㉠ 人	㉡ 土	㉢ 門	㉣ 車
㉤ 木	㉥ 本	㉦ 米	㉧ 女

① 나무의 모양을 본뜬 자(나무를 나타냄) ( )
② 땅에서 싹이 나오는 모양(흙을 나타냄) ( )
③ 문 모양 ( )
④ 사람의 모양을 본뜬 자 ( )
⑤ 수레 모양 ( )
⑥ 여자가 꿇어앉은 모양 ( )

30. ① ㉤ 木(나무 목)
② ㉡ 土(흙 토)
③ ㉢ 門(문 문)
④ ㉠ 人(사람 인)
⑤ ㉣ 車(수레 차, 수레 거)
⑥ ㉧ 女(여자 녀)

31 다음 글자의 짜임과 알맞은 한자를 보기에서 골라 그 번호를 쓰세요.

㉠ 目	㉡ 文	㉢ 東	㉣ 母
㉤ 水	㉥ 本	㉦ 米	㉧ 木

① 쌀의 모양을 본뜬 자(나무를 나타냄) ( )
② 해가 나무 사이에 뜨는 모양을 나타냄 ( )
③ 물이 흐르는 모양(물을 나타냄) ( )
④ 눈의 모양을 본뜬 자 ( )
⑤ 어머니의 젖 모양(어머니를 나타냄) ( )
⑥ 나무의 뿌리 모양을 나타낸 자 ( )

31. ① ㉦ 米(쌀 미)
② ㉢ 東(동녘 동)
③ ㉤ 水(물 수)
④ ㉠ 目(눈 목)
⑤ ㉣ 母(어미 모)
⑥ ㉥ 本(근본 본)

32 다음 글자의 짜임과 알맞은 한자를 보기에서 골라 그 번호를 쓰세요.

| ㉠ 目 | ㉡ 文 | ㉢ 東 | ㉣ 月 |
| ㉤ 手 | ㉥ 本 | ㉦ 米 | |

① 달의 모양을 본뜬 자 (　　)
② 해가 나무 사이에 뜨는 모양을 나타냄 (　　)
③ 무늬나 그림을 나타냄 (　　)
④ 눈의 모양을 본뜬 자 (　　)
⑤ 손의 모양을 나타냄 (　　)
⑥ 나무의 뿌리 모양을 나타낸 자 (　　)

33 다음 낱말 뜻에 알맞은 한자어를 보기에서 골라 그 번호를 쓰세요.

| ㉠ 日記 | ㉡ 記者 | ㉢ 出生 | ㉣ 出入 |
| ㉤ 來日 | ㉥ 休日 | ㉦ 來年 | ㉧ 前期 |

① 쉬는 날 (　　)
② 다가오는 날 (　　)
③ 날마다 겪은 일을 기록 (　　)
④ 나가고 들어감 (　　)

34 다음 낱말 뜻에 알맞은 한자어를 보기에서 골라 그 번호를 쓰세요.

| ㉠ 生家 | ㉡ 孝子 | ㉢ 植物 | ㉣ 動物 |
| ㉤ 孝女 | ㉥ 國語 | ㉦ 國歌 | ㉧ 國花 |

① 자기가 태어난 집 (　　)
② 나라의 꽃 (　　)
③ 나무나 풀 등의 생물 (　　)
④ 효성스러운 아들 (　　)

35 다음 낱말 뜻에 알맞은 한자어를 보기에서 골라 그 번호를 쓰세요.

| ㉠ 登校 | ㉡ 下教 | ㉢ 姓名 | ㉣ 同姓 |
| ㉤ 同生 | ㉥ 春秋 | ㉦ 問安 | ㉧ 便安 |

정답 및 해설

32. ① ㉣ 月(달 월)
    ② ㉢ 東(동녘 동)
    ③ ㉡ 文(무늬, 글월 문)
    ④ ㉠ 目(눈 목)
    ⑤ ㉤ 手(손 수)
    ⑥ ㉥ 本(근본 본)

33. ① ㉥ 休日(쉴 휴, 날 일)
    ② ㉤ 來日(올 내, 날 일)
    ③ ㉠ 日記(날 일, 기록할 기)
    ④ ㉣ 出入(날 출, 들 입)

34. ① ㉠ 生家(날 생, 집 가)
    ② ㉧ 國花(나라 국, 꽃 화)
    ③ ㉢ 植物(심을 식, 만물 물)
    ④ ㉡ 孝子(효도할 효, 아들 자)

35. ① ㉦ 問安(물을 문, 편안할 안)
    ② ㉢ 姓名(성 성, 이름 명)
    ③ ㉠ 登校(오를 등, 학교 교)
    ④ ㉥ 春秋(봄 춘, 가을 추)

① 안부를 물음 ( )
② 성과 이름 ( )
③ 학교에 감 ( )
④ 봄과 가을 ( )

36 다음 낱말 뜻에 알맞은 한자어를 보기에서 골라 그 번호를 쓰세요.

| ㉠ 空軍 | ㉡ 孝女 | ㉢ 孝子 | ㉣ 靑軍 |
| ㉤ 空氣 | ㉥ 海軍 | ㉦ 南北 | ㉧ 北韓 |

① 우리나라의 북쪽 ( )
② 바다를 지키는 군대 ( )
③ 숨쉴 때 마시는 기체 ( )
④ 효성스러운 딸 ( )

36. ① ㉧ 北韓(북녘 북, 나라 한)
② ㉥ 海軍(바다 해, 군사 군)
③ ㉤ 空氣(빌 공, 기운 기)
④ ㉡ 孝女(효도할 효, 계집 녀)

37 다음 낱말 뜻에 알맞은 한자어를 보기에서 골라 그 번호를 쓰세요.

| ㉠ 學校 | ㉡ 人間 | ㉢ 人名 | ㉣ 年少 |
| ㉤ 年長 | ㉥ 母校 | ㉦ 祖母 | ㉧ 祖父 |

① 인간(사람) ( )
② 할아버지 ( )
③ 다니던 학교 ( )
④ 나이가 어림 ( )

37. ① ㉡ 人間(사람 인, 사이 간)
② ㉧ 祖父(할아버지 조, 아비 부)
③ ㉥ 母校(어미 모, 학교 교)
④ ㉣ 年少(해 연, 젊을 소)

38 다음 낱말 뜻에 알맞은 한자어를 보기에서 골라 그 번호를 쓰세요.

| ㉠ 登山 | ㉡ 登場 | ㉢ 南北 | ㉣ 同姓 |
| ㉤ 同生 | ㉥ 祖上 | ㉦ 男女 | ㉧ 不正 |

① 우리 대대의 선조(할아버지의 할아버지) ( )
② 산에 오름 ( )
③ 남자와 여자 ( )
④ 바르지 않음 ( )

38. ① ㉥ 祖上(할아버지 조, 위 상)
② ㉠ 登山(오를 등, 뫼 산)
③ ㉦ 男女(사내 남, 여자 녀)
④ ㉧ 不正(아닐 부, 바를 정)

공무원 기출문제집

서원각 기출문제집으로 시험 출제경향 파악하자!

▲ 기출문제 정복하기

전 직렬 공통 필수과목
일반행정직
사회복지직
교육행정직

▲ 최근 3개년 기출문제

필수과목/행정직
교육행정직/사회복지직

▲ 최근 5개년 기출문제

국어/영어/한국사/사회
행정법총론/행정학개론
교육학개론

▲ 최근 10개년 기출문제

국어/영어/한국사/사회
행정법총론/행정학개론
교육학개론

▲ 문제만 담았다!

영어/한국사/사회
행정법총론/행정학개론
교육학개론

▲ 해설만 담았다!

국어/영어/한국사/사회
행정법총론/행정학개론
교육학개론

▲ 기출문제 정복하기

9급 건축직/7급 건축직/
기계직

▲ 서울시 공무원

필수과목 기출문제 정복하기

네이버 카페 검색창에서 공무공부를 검색하셔서 네이버 카페 공무공부에 가입하시면 각종 시험 정보를 보실 수 있습니다.

상식키우기

서원각과 함께하는 상식키우기!

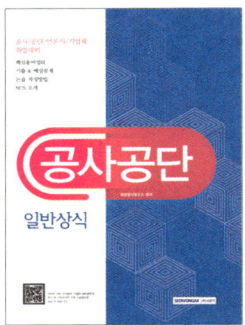
▲ 공사공단 일반상식

▲ 시사일반상식

▲ MAC을 짚어 주는 시사일반상식

▼ **공사/시사 일반상식**
정치·법률, 경제·경영, 사회·노동, 과학·기술, 지리·환경, 세계사·철학, 문학·한자, 매스컴, 문화·예술, 스포츠 관련 상식을 중요한 것만 모아 수록하였다.

▲ 공기업/공공기관 채용 빈출 일반상식

▼ **공기업/공공기관 채용 시리즈**
공기업과 공공기관 채용시험에 나올 법한 상식만을 모았다! 정치·법률, 경제·경영, 사회·노동, 과학·기술, 지리·환경, 세계사·철학, 문학·한자, 매스컴, 문화·예술, 스포츠 관련 상식을 중요한 것만 모아 수록하였다. 또한 한국사의 기출유형문제를 정리하여 포함하였다.

빈출 일반상식 - 중요 시사상식 및 빈출용어 수록
간추린 일반상식 - 출제가 예상되는 문제와 해설 수록

▲ 경제용어사전

▲ 부동산용어사전

▼ **한눈에 쏙! 시리즈**
경제용어사전 - 단기간에 완성하는 경제용어 및 금융상식
시사용어사전 - 시사용어 및 시사 상식을 한눈에 쏙
부동산용어사전 - 부동산과 관련된 핵심 용어를 쉽고 간결하게 정리